초등학생 TOKYO도쿄 방학생활 설명서

방학 기간
초등생 자녀와
일본 도쿄에서
생활하며 체득한
해외 체험 학습
실용 설명서

초등학생 TOKYO도쿄 방학생활 설명서

지은이 김영준
발 행 2023년 4월 10일
펴낸이 한건희
펴낸곳 주식회사 부크크
출판사등록 2014.07.15.(제2014-16호)
주 소 서울특별시 금천구 가산디지털1로 119 SK트윈타워 A동 305호
전 화 1670-8316
이메일 info@bookk.co.kr
ISBN 979-11-410-2262-4
www.bookk.co.kr
ⓒ 초등학생 TOKYO도쿄 방학생활 설명서 2023

초등학생 TOKYO도쿄 방학생활 설명서

▸ 40개 키워드로 알아보는
  실속 · 밀착 도쿄 방학생활 이야기
▸ 11살, 7살 아이들과 아빠가 함께 일궈낸
  도쿄 방학생활을 알차게 지낸 분투기
▸ 도쿄에서 보낸 도전의 하루하루를
  솔직하게 풀어낸 문화 이야기
▸ 해외 체험 학습, 경험, 자신감 되찾기를 향한
  초등학생 성장 기록

지은이 김영준

대학교에서 일어일문학을 전공했다. 2004년 도쿄에서 어학연수 과정 1년을 거쳤고, 대학 졸업 이후, 일본계 IT기업에서 2년 동안 근무했다. 현재 미디어 회사에서 일하며, 일본 사회와 자녀 교육, 어학 학습에 많은 관심을 가지고 있다.

초등학생
TOKYO도쿄 방학생활 설명서

김영준

BOOKK

"당신은 했던 일보다 하지 않았던 일로 인해 더 실망할 것이다. 그러므로 돛줄을 던져라. 안전한 항구를 떠나 항해하라. 당신의 돛에 무역풍을 가득 담아라. 탐험하라. 꿈꾸라. 발견하라."

- 마크 트웨인(Mark Twain) -

▷ 차 례 ◁

프롤로그(prologue)

2023년 아이들 겨울방학 동안 일본 수도인 도쿄 (TOKYO)에서 잠시 살기로 결정했다. 당시 초등학교 4학년 인 11살 첫째 아이(2012년생, 여자)와 7살 유치원생인 둘째 아이(2016년생, 여자)와 일본 도쿄로 가기로 마음먹었 다. 두 딸은 외국에서 살았던 경험이 없다. 나 역시 대학교 4학년 시절 일본 도쿄에서 1년 동안 어학연수를 한 경험뿐 이었다. 가늠되지 않는 막막함에 불안이 밀려왔다.

하지만 아이들의 방학을 새롭게 보내기 위해 방학 동안 만이라도 외국에 나가서 살기로 결심했다. 아이들이 중학생이 되기 전에 외국에서 생활도 해보고, 선진국의 문화와 일상을 체험하고, 스스로 할 수 있는 일들이 무엇인지를 직접 느낄 수 있는 기회를 만들어주고 싶었다. 주변 지인 가운데 아이들과 함께 해외 단기 어학연수를 경험한 사람들 이야기를 들어보면 아이들에게 좋은 경험과 학습에 대한 자극을 받고 돌아올 수 있다는 긍정적인 이야기 듣기도 했다.

나는 두 딸이 아직 어리지만 도쿄에서 생활하면서 일본 아이들이 노는 모습, 공부하는 모습을 직접 보고, 일본의 유명 관광지를 둘러보면서 자신감과 새로운 목표를 얻어 갔으면 하는 바람이 컸다. 그래서 재정적, 시간적 난관에 어려움을 겪었지만 그 보다는 아이들의 미래에 투자하기로 결정했다.

우리 가족은 강원도에서 살고 있다. 작은 도농복합도시로 수도권과 거리가 멀리 떨어져 있는 곳이다. 인구 수 20만여 명의 소도시로 유명한 학군이 있는 지역도 아닌 시골마을이다. 내가 도쿄 방학생활을 결정하게 된 결정적인 이유는 소심하고 겁이 많아 학교생활이나 학원 수업 등에서 어려움을 겪고 있는 11살 첫째 아이에 용기를 북돋아주고 싶은 마음이 가장 컸다.

첫째 아이는 가정 안에서는 활발하고 호기심이 많은 아이다. 하지만 밖으로 나가면 굉장히 조심스러운 태도를 보였다. 학업 능력이나 학업 의지가 부족하지는 않았다. 하지만 왠지 모르게 적극적인 모습이 부족했다. 친구들 사이에서 위축된 모습을 보였다. 그런 태도가 마치 아빠인 나의 성향의 영향 탓인 것만 같았다. 그래서 외국에서 도전하는, 개척해나가는 생활의 경험을 안겨주고 싶었다. 그 경험이 아이에게 자신감을 일으켜줬으면 하는 바람이었다.

아이들과도 여러 번 상의했다. 아이들에게 도쿄에서 보낼 겨울방학 계획을 이야기한 것은 아이들이 도쿄로 가기 대략 8개월 전부터이다. 아이들에게 도쿄에서 방학생활을 보내려는 이유와 어떤 방식으로 지낼지를 이야기했다. 가능한 구체적으로 이야기해주려고 했지만, 계획 초기에는 구체적인 것이 별로 없었다. 아이들은 처음에는 다소 황당하다는 반응을 보였다. 당연하다. 하지만 곧 아이들이 찬성해 주었다.

첫째 아이는 '제주도 한 달 살기'가 유행이라며 일본에서 한 달 살기에 흥미를 보였다. 그러면서 일본에서 어떻게 지낼 계획인지를 자세히 알려달라고 말하기도 했다. 둘째 아이는 비행기를 타고 해외여행을 간다고 생각한 것 같았다. 서로의 눈높이는 조금씩 달랐지만 아이들의 기대감에 힘을 얻었다.

겨울 방학 장소를 도쿄로 정하기까지 많은 고민이 있었

다. 캐나다나 필리핀, 말레이시아, 오스트레일리아 등 다양한 선택지를 두고 고심을 했다. 그런 상황에서 결국 도쿄로 정했다. 우선 아빠인 나 스스로가 일본에서 1년 살아본 경험이 있어서 심리적 저항감이 적었다. 또 일본, 특히 도쿄는 치안 상황이 좋았기 때문이다. 그래서 유학원 등 전문기관을 통하지 않고도 일본에서 짧은 방학기간 아이들과 집중적으로 목표한 활동들을 할 수 있을 것이라는 생각이 들었다.

또 하나는 일본, 특히 도쿄 안에는 다양한 문화시설과 체험시설, 교육시설, 관광지가 밀집해 있어서 계획을 잘 세운다면 단시간에 다양한 경험을 할 수 있는 장점이 있다고 여겨졌기 때문이다. 게다가 K-POP과 한국 드라마, 화장품, 패션 등 한류 인기도 여전하다고 들었기에 더 안심됐다.

그래서 일본에서 방학기간을 보낼 수 있는 구체적인 계획을 세웠다. 며칠 관광하는 여행 계획이라면 숙소를 정하고 관광지를 찾아서 가면 되지만 40일 동안 도쿄에서 지내는 일은 준비할 것이 많았다. 그리 짧은 기간이 아니었다. 특히 아이들이 11살, 7살로 어리기에 준비를 단단히 하지 않으면 좋은 결과를 얻기보다는 손해가 더 클 수 있다는 불안감이 따라다녔다.

주변에서도 걱정하는 목소리가 나왔다. 특히 아이들의 조부모와 가까운 친척들이 불안해했다. 왜 하필 일본이냐는 반응이었다. 그래서 철저하게 준비하고 또 준비해야 했다. 무엇을 얻을 지에 대한 고민이 가장 컸다.

다만 현재 도쿄 생활을 마무리한 시점에서 생각해보면 완벽한 준비는 애초에 가능하지 않았던 것 같다. 최대한 꼼꼼한 준비로 실수의 범위를 좁힐 수 있었다는 점은 분명하다. 도쿄 안에서 맞닥뜨린 여러 돌발 상황과 해프닝 속에서 최선의 해결 방법을 찾아가며 목표를 이뤄나가는 것이다.

그래서 11살, 7살 두 딸과 도쿄에서 2023년 겨울방학 40일을 보냈다. 2023년 1월 4일부터 2월 13일까지 지냈다. 이 책에서는 도쿄 방학생활을 위한 준비와 그 과정, 실제 생활, 이후의 우리 가족이 변화된 모습을 세세히 기록하고자 했다. 이 책을 보는 누구나가 쉽게 이해하고, 활용할 수 있는 실용적인 정보를 전달하기 위해 최대한 구체적인 모습을 담으려고 구성했다.

나는 아이들과 도쿄에서 겨울방학을 보내기 전에 여름방학을 이용해 5박 6일 일정으로 도쿄 여행을 다녀오기도 했다. 도쿄에서 알찬 방학생활을 시작하기 전, 예행연습과도 같은 시간이었다. 도쿄디즈니랜드와 도쿄국립박물관 그리고 도쿄 인근 관광지 등을 즐기며 도쿄와 한층 친숙해질 수 있었다.

✔ 도쿄 방학 체험 생활

✔ 2023. 1. 4. ~ 2023. 2. 13.

● 1부 ●

도쿄(TOKYO)
겨울 방학의 시작

「명확한 목표와 철저한 사전 준비」

1. 일본 수도, 도쿄(TOKYO)

'도쿄'는 전통과 현대가 공존하는 도시라는 느낌이 크다. 도심 곳곳에 일본의 오랜 전통 문화가 스며들어 있는 건축물이 다양한 기능을 가진 공간으로 운영되고 있다. 공원에는 그 지역과 관련된 위인의 동상이 서있다. 또 어른 2,3명이 감싸야할 정도로 둘레가 큰 나무들이 즐비하다. 이색적으로 디자인된 도심 고층 빌딩과 복잡한 거리, 많은 상점가,

전철역, 종교 건축물, 분주한 회사원들은 현대의 대도시의 모습을 보여준다.

도쿄의 외면은 서울의 현재 모습과 비슷하다고 느껴지기도 했다. 하지만 서울과는 다른 도쿄만의 낭만은 첫 방문객의 가슴을 뛰게 만들기 충분하다. 외국이기에 낯설지만 설레는 심정은 숨길 수 없었다. 아이들은 이런 낭만의 도시를 기대했고, 나는 아이들이 많은 것을 배울 수 있는 체험의 도시이길 바랐다.

도쿄(東京)는 일본의 수도이다. 인구는 1,406만여 명 정도이다. 일본 전체 인구 1억 2,329만여 명의 11%가량이 살고 있는 세계적 대도시이다. 도쿄에는 황거(皇居)가 있다. 황거는 일본 천왕이 사는 곳이다. 일본 오사카(大阪)도 큰 도시이지만 도쿄는 정치적으로나 경제적으로나 규모 면에 있어 일본의 제1 도시임이 분명하다.

도쿄로 가는 길은 비교적 간단하다. 한국과 지리적으로 가깝기 때문이다. 인천국제공항에서 일본 나리타국제공항이나 하네다공항까지 걸리는 비행시간은 2시간 30분 남짓하다. 최근엔 통관 수속도 간편해져서 금세 공항을 빠져나올 수 있다. 90일 비자 면제 기간도 있어 오고 가기 편리하다.

도쿄를 방문한 관광객들이 가장 먼저 찾는 도쿄의 대표

관광지로 아사쿠사 센소지(浅草寺)와 낭만적인 야경의 대명
사인 도쿄타워(Tokyo Tower), 도쿄만을 바라볼 수 있는 오
다이바(お台場) 등을 손꼽을 수 있다. 그리고 일본의 맛집을
탐방하며 추억을 쌓는다. 도쿄에는 일본 대표 음식인 초밥
(寿司), 회(さしみ 회), 규동(牛丼), 우동(うどん), 라멘(らーめ
ん), 야키니쿠(焼き肉), 이자카야(居酒屋) 등의 식당이 많다.
'레트로'적 느낌을 가진 상점도 많고, 현대식의 화려한 쇼핑
몰도 많다.

전통과 현대가 공존하는 TOKYO
다양한 체험 기회를 가진 도시

　내가 이번에 일본에 와서 가장 크게 느낀 점은 앞서 언
급한 '레트로' 감성이었다. 초고속으로 변해가는 한국과 비
교되면서 느껴지는 감상인지 확실하지는 않지만 도쿄 안에
는 도시 곳곳에 20세기 중반의 느낌이 물씬 풍겼다. 일본
현지인들이 그런 복고적 '레트로' 감성을 좋아하고 즐기는
것으로 여겨졌다.

15년 전 대학생 시절 일본에 잠시 지낸 적이 있던 내가 봤을 때 일본은 변하지 않은 오래된 풍경들이 그 자리에 고스란히 남아있는 경우도 종종 확인할 수 있었다.

　　아주 현대화된 도시 안에 오래된 건축물과 택시, 오래된 공원 시설, 고풍스러운 대학교 건물, 전철역, 역사가 깊은 식당, 이색적 절(寺)과 신사(神社)가 교묘히 조화를 이루고 있다. 그것이 현재의 도쿄 속에 담긴 전통과 현대가 공존하는 모습인 것만 같았다.

2. 일본 사람들

　한국과 일본은 여전히 역사 문제와 관련해서는 갈등이 남아있다. 나는 그 이유가 일본의 일부 정치인들이나 극단적으로 편향된 극소수 우익 세력에 의한 역사 왜곡 시도 때문이라고 생각한다. 이들은 역사적 사실을 부정하고, 왜곡하며 거짓을 사실인양 억지 주장하기 때문이다.

　하지만 대다수의 일반 일본인들은 그렇게 생각하지 않는다고 느껴졌다. 대다수의 일본인들은 현재의 한국 문화와 한국의 첨단화된 사회 시스템, K-POP, 한국어, 감칠맛 나는 한국 음식, 도약하는 경제 등에 우호적 관심과 호기심을 가지고 있다.

한편, 일본인들은 대체로 아기자기한 것을 상당히 좋아하는 것 같다. 주말에 우에노(上田) 동물원에 가보면 판다를 보려는 사람들이 정말로 긴 줄을 이룬다. 판가가 귀여운 동물이기는 하지만 바람이 부는 쌀쌀한 날씨도 아랑곳하지 않고 서있다. 남녀노소 불문이다.

도쿄역(東京駅) 지하상가에 가보면 캐릭터 상점가가 별도로 만들어져 있다. 그곳에는 다양한 캐릭터 상점들이 운영되고 있고, 주말이면 해외 관광객은 물론 캐릭터 선물을 사려는 일본인들로 인산인해가 된다. 일본인들의 애니메이션과 만화 속 귀엽고 아기자기한 캐릭터에 대한 관심과 선호도를 체감할 수 있는 곳이라고 여겨졌다.

'스미마셍(すみません。)'의 여러 의미
일본 생활의 참모습 이해하기

또 일본 주민들은 대체로 친절한 편이라고 느꼈다. 한국과 일본 두 나라 사이의 정치적, 역사적 문제를 제외하고 보면 일본인들은 외국인들에게 친절하게 대해준다고 느꼈

다. 극히 일부의 극우 성향의 사람들은 제외해야 한다. 일본 사람들은 기본적으로 다른 사람들에게 폐를 끼치지 않는 것을 중시하는 문화를 아주 오래전부터 가지고 있다. 일본인들은 '스미마셍(すみません。미안합니다.)'로 말을 시작해 '스미마셍'으로 말을 맺는 경우도 참으로 많다.

어떤 이들은 이런 일본인들의 자세를 속마음을 숨긴 겉치레(타테마에, たてまえ)라고 말하기도 한다. 진심은 따로 있는데 진심은 말하지 않고 얼굴과 입으로만 '스미마셍(미안합니다)'이라고 한다는 것이다. 실제 일본인들은 에둘러 말하기는 경우가 많이 있다. 노(NO)라는 직접적인 거절의 표현을 웬만하면 사용하지 않으려 한다. 내가 느끼기에 위선의 감정보다는 가능한 정중히 거절하려는 그들의 문화로 이해해야 한다고 여겨진다.

상대가 하는 말을 듣는 순간에도 '소우데스네(そうですね。그러네요.)'라고 연이어 말하지만 '하이(はい。 YES)'라고 표현하지 않는다면 그건 거절의 의향이 아주 짙은 것이다. 그것이 일본의 어법이고 문화적인 요소라고 생각된다. 최대한 부정적인 표현을 삼가는 방식일 것이다.

이러한 간접적으로 에둘러 표현하는 어법은 곳곳에서 쉽게 발견된다. 택시에서도, 식당에서도, 지인과의 대화 속에서도, 상점에서도 찾을 수 있다. 그것은 그런 어법이 일본 사회에서 통용되는 일상적인 부분이라고 느껴졌다.

외국인 시선에서 조금 답답하거나, 핵심을 말하지 않고 있다는 좀 애매한 느낌을 강하게 받을 수 있겠지만 일본사회의 측면에서 살펴본다면 이런 관습을 공감하고 받아들이는 것도 현지에 쉽게 적응할 수 있는 방법이기도 하다.

3. 도쿄 방학생활 목표 세우기

　이번 겨울방학 목표는 아이들이 안전하고 효과적으로 계획한 목표를 달성하는 것이었다. 최대한 실현 가능한 목표를 고심해 세웠다. 그리고 목표를 일본에서 지내는 동안 지속적으로 실행해 나갈 수 있도록 하는 다양한 방법에 대해서도 고민했다.

　오랜 시간 많은 준비를 하고, 경제적 투자를 감당하며 하는 결단이었기에 최대한 성과를 내야 한다고 생각했다.

날씨가 추운 겨울과 낯선 해외에서 보내는 방학 기간을 고려한 목표를 세세하게 만들어야 했다. 당연히 목표를 세울 때는 아이들의 의견도 반영했다. 아이들과 여러 번 대화를 하며 서로의 생각을 이야기했다.

아이들은 책 읽기와 여행지 관광, 일본 문화 체험에 찬성했다. 여기에 더해서 영어 회화와 수학 연산, 박물관 체험 학습, 외국인 친구 사귀기라는 목표를 더했다.

<11살 첫째 아이의 목표>

▶ 일본에 친숙해지기
▶ 여행 다니며 자신감 높이기
▶ 일본 문화 접하기
▶ 외국인 친구사귀기
▶ 체험 행사 적극 참여하기
▶ 영어 동화책 30권 읽기
▶ 영어 단어장 만들기

<7살 둘째 아이의 목표>

▶ 일본 문화 익히기

▶ 한글쓰기 공부하기

▶ 영어 동화책 30권 읽기

▶ 히라가나, 가타카나 배우기

▶ 줄넘기 배우기

▶ 어려운 한글 맞춤법 익히기

40일이라는 시간을 도쿄에서 지내야 하는데 목표가 너무 적은 것 아닌가하는 생각도 들었다. 문제집을 몇 권씩 사 가서 풀어봐야 하는 것 아닌가라는 생각도 들었다. 겨울 방학 목표를 더 늘려 아이들이 더 많은 것을 얻어야 하는 것 아니냐는 의문도 들었다. 하지만 그렇게 하지는 않았다. 아이들의 반대 때문만은 아니었다. 한국에서 여러 학원을 다니고, 한국사나 사회, 수학 등 선행 학습과 관련한 특강을 듣고, 가족 여행을 하는 계획과 비교해서는 안 된다는 생각이 들었기 때문이다.

그만큼 이번 도쿄 방학생활은 특별하게 여겨졌다. 다른 또래 친구들의 목표와 비교해 세운 계획은 이루기도 어렵지만 이루기 위한 동력이 자발적으로 생기지 않을 것이라고 느껴졌다. 가능한 한 외국에서만 할 수 있는 다양한 체험을 하고자 했다.

특히 이번 도쿄 방학생활은 새로운 도전과 시도의 출발점이라고 생각했다. 순전히 일본에서 할 수 있는 새롭고, 도전적인 그리고 아이들의 장래를 위한 목표를 세우고 싶었다. 그 목표만큼은 꼭 이루고 싶다는 의지를 아이들이 강하게 품기를 원했다. 그렇기에 나와 아이들은 나름대로 절실한 목표를 세워 실행해 나가기로 했다.

4. 도쿄 방학생활 준비 과정

　　나는 대학교에서 일어일문학을 전공했다. 기초적인 일본어는 말하거나 쓸 줄 안다. 일본 문화에 대해서도 관심을 가지고 있다. 대학교 4학년 시절 도쿄에서 1년 거주한 경험이 있다. 하지만 이번에 함께 가는 나의 두 딸은 상황이 전혀 다르다. 아이들은 일본어를 할 줄 모른다. 11살 첫째 아이는 히라가나와 가타가타를 외운 정도이다. 7살 둘째 아이는 이제 한글 쓰기 연습을 하고 있다.

　　이런 여건에서 도쿄에서 아이들과 방학 기간을 보내는

목적을 항상 되새겼다. 괜히 아이들 고생시키고, 의미 없는 긴 여행을 하고 오는 건 아닌가? 이처럼 결정은 했지만 불안했다. 이런 불안감을 줄이기 위해서 필요한 것이 바로 구체적이고 확실한 목표였다. 이룰 수 있는 확실한 목표를 수없이 되새겨보며 준비를 했다. 다른 또래 아이들의 방학계획과 비교하기 시작하면 아무 것도 새로운 것에 도전할 수 없다고 생각했다. 그래서 목표를 향해 준비를 이어갔다.

첫째가 초등학교 5학년 올라가기 직전, 둘째가 초등학교 1학년에 되기 전이 해외에서 방학생활을 보내기에 가장 적기라고 느껴졌다. 혹시라도 첫째 아이가 본격적으로 사춘기에 접어들면 해외로 여행을 떠나자고 해도 가지 않겠다고 할 수 있겠구나 싶기도 했다. 또 목표를 이룬 뒤의 만족감을 생각하며 다양한 준비를 가족과 상의해가며 진행했다.

목표를 세우고,
해야 할 일을 나열해보자

도쿄 생활을 위한 할 일 리스트를 만들고, 목표가 무엇이지를 수정해가며 여권을 갱신하고, 비행기 티켓을 구입하고, 필요 물품 체크 리스트를 만들고, 체험거리를 확인하고,

지역 축제나 관광지 행사 일정 등을 기록해 나아갔다. 직장일 등 예상치 못한 돌발 상황도 생기면서 포기하고 싶을 때도 있었다. 또 일본 국내의 코로나 환자의 폭증 상황도 걱정거리의 하나였다. 말 그대로 첩첩산중, 미지의 세계이기에 불안감은 더 크게 다가왔던 것 같다.

이번 선택을 하면서 다른 한편으로 포기해야만 하는 것에 대한 미련을 붙들고 있으면 손해 보는 감정만 생긴다는 것을 깨달았다. 그래서 더욱 내가 얻을 수 있는 것에 집중할 필요가 있다고 생각됐다. '막무가내' 정신이 아니라 철저히 준비하는 '플랜(plan)'으로 다가가야 했다.

계획을 세우기 위해서 아이들과 해외 거주 경험이 있는 지인이나 단기 어학연수를 해외에서 보낸 지인들과 대화하며 다양한 정보를 얻고자 했다. 한국에서 가지고 가야할 식품 등 생활물품부터 집, 은행 거래, 그 지역의 커뮤니티 활용법 등등 소소하고 다양한 의문점들을 풀어나가야 했다.

또 유용한 정보를 얻은 것이 일본에 사는 사람들이 운영하는 카페(네이버 '일본맘' 카페)와 각종 블로그들이다. 특히 맘 카페에서는 오랜 기간 쌓여 온 다양한 정보가 많았다. 육아에서부터 학교 선택, 한국 식재료 구입처, 의약품 선택, 도쿄디즈니랜드 즐기는 법 등등 세세하면서 유용한 정보가 많았다. 하나같이 직접 경험하고 체험한 정보들이어서 신뢰할만했다.

　　나 역시 수시로 카페 게시판 글을 읽으며 준비에 큰 도움을 받았다. 예상치 못한 상황에서 비슷한 경험을 한 누군가의 소중한 경험을 확인하면서 비교적 현명히 대응해 나갈 수 있었다고 생각하고 있다.

5. 도쿄 생활 정보 검색하는 법

현대 사회는 정보와의 싸움이다. 정보가 있어서 제대로, 후회 없이 선택할 수 있다. 좋은 기회를 선택하기 위해서 제대로 된 정보가 충분해야 한다. 필요한 정보를 그 분야의 최고 전문가로부터 들을 수 있다면 좋겠지만 그럴 수 없을 경우에는 스스로 찾아야 한다. 스스로 검색하고, 책을 읽고, 주변 사람들에게 물어봐야 한다. 그래야 양질의, 다양한 정보를 얻을 수 있다. 이러한 면에서 인터넷의 다양한 검색 도구는 참으로 편리하다.

도쿄에서 방학생활을 보내는 것도 정보와의 싸움이었다.

승패를 가리는 싸움이 아니라 겨울 방학 생활을 알차게 보낼 수 있기 위해서 충분한 정보가 필요하다. 여행을 가는 것도, 지역 행사가 어떤 것이 있는지도, 관광지 축제를 방문할지 여부도 모두 정보가 필요했다. 정보는 다양한 검색을 통해서 얻어냈다. 일본관광청, 도쿄관광공식사이트, 구글 지도, 관광지 사이트, 블로그, 유튜브 영상, 직접 이메일 보내기, 인스타그램 등등.

다양한 방법 가운데 가장 큰 도움을 받은 것은 웹사이트이다. 일본 관광국의 공식 관광 사이트와 도쿄 관광 블로그, 유튜브 관광 홍보 영상 등을 통해 알찬 계획을 세우기 위한 관광지 자료를 모았다. 특히 구글을 적절히 활용하면 관광지 검색은 물론 이동 방법, 예약 방법, 이용 후기 등등을 찾기가 쉬웠다.

유튜브와 인스타그램, 검색 포털 등
다양하게 활용하자

검색 방법은 복잡하지 않다. 시간이 걸리더라도 구글의 바다에서 헤매면 된다. 또 유튜브의 바다에서 허우적거리다 보면 알게 된다. 나의 여행의 목적과 여행의 취향에 맞는

관광지를 찾을 수 있게 된다. 나의 경우는 비교적 목적이 분명했다. 여행의 목적이 분명한 것은 참으로 다행이다. 검색의 과정에서 지쳐버리거나 '왜 이런 일을 나 혼자 해야 되는지!' 하는 볼멘소리나 '대충해버리자!' 등등의 자포자기식 심정이 드는 것을 최대한 줄일 수 있기 때문이다.

분명한 목적을 잡아야 하는 이유는 또 있다. 분명한 목적이 있어야지만 최대한 신속하고 또 만족도를 높일 수 있는 여행지 선택이 가능하다. 도쿄 안에서 어떤 곳을 볼지, 경험할지를 정하고, 어떤 음식을 먹을지를 선택하고, 예약하면서 일정을 알차게 짤 수 있기 때문이기도 하다.

다양한 선택지가 있기에 막상 주어진 시간에 무엇을 해야 할지 선택하는 것이 상당히 어렵기도 했다. 어떤 선택이 최선의 선택인지 헷갈릴 때에는 아이들에게 물어보았다. 아이들이 원하고, 하고 싶은 것을 하는 것이 가장 최선을 선택이라고 여겨졌다. 부모의 입장에서 더 나은 것을 고르려다가 아이들이 즐기지 못하는, 재미없어 하는 경우도 있기 때문이다.

6. 체험 학습 예약하기

　　일본에 와서 느낀 것 중의 하나가 바로 '예약' 문화이다. 식료품 슈퍼마켓에서 장을 보는 것 외에는 예약 문화가 사회 전반에 퍼져 있다고 느껴졌다. 음식점 예약은 물론이고 미용실과 영화관, 전망대 관람, 수족관 체험행사, 박물관 영상 관람, 놀이공원 퍼레이드 등등.

일본의 예약 문화 확대
챙길 수 있는 이득을 얻자!

　　예약이 선택 아닌 필수로 자리 잡고 있다. 예약을 하루, 이틀 전에 하지 않으면 1시간 이상 기다리는 식당이나 서비스 업소가 많았다. 코로나 확산 이후 일정 인원 이상 수용하기 어려운 상황에서 최근 더욱 예약 문화가 활발해진 것 같다는 인상을 받았다.

또 수족관이나 체험관의 경우 입장권 이외에 체험권을 웹사이트를 통해서 예약할 수 있다. 유명한 곳의 경우 미리 체험 티켓을 예약하지 않으면 아주 일찍 현장에 도착하지 않는 이상 현장 판매 수량을 구입하기가 거의 불가능한 경우가 많다. 아쉽게 체험권을 확보하지 못한 날은 참담한 심정이 들기도 했다.

미리 예약이 필요한 곳인지, 휴무일은 언제인지 등을 충분히 알고 있어야 예상하지 못한 낭패를 피할 수 있다. 실제 우리는 '도쿄 미타카 지브리 스튜디오 박물관'에 가려고 했지만 갈 수가 없었다. 지브리 박물관이 100% 사전 예약제로 바꿔 운영하고 있고, 방문 날짜를 예약하려면 적어도 2,3주 전에는 해놔야 한다는 상황을 미리 알지 못했기 때문이었다. 애니메이션을 좋아하는 아이들에게 예약을 못해서 갈 수 없다는 말을 전하기가 미안했다.

게다가 예약하면 할인해주는 곳이 많다. 도쿄타워나 롯본기(六本木) 모리타워 전망대, 스카이트리 전망대, 시나가와(品川) 수족관, 도쿄국립박물관 등이 대표적이다. 이 외에도 많을 것이 분명하다. 그렇기에 가고 싶은 곳이 정해졌다면 미리 해당 웹사이트를 검색해보는 것이 여러 가지로 이득이 될 수 있다.

예약하기 위해서는 이메일 주소, 가능하다면 G메일이나 야후메일 등 일본에서 주로 쓰이는 메일이 있기를 추천한다. 물론 네이버 메일도 대부분 가능했다. 그런데 극히 일부에서는 네이버 메일이 사용 안 되는 경우도 있었다. 그리고 신용카드가 필요하다. 신용카드는 '3D시큐리티'서비스 이용이 가능한지도 미리 확인해두기를 추천한다. 도쿄디즈니랜드처럼 드물게 '3D시큐리티' 서비스 인증이 필요하다며 결제가 거절되는 경우도 있기 때문이다.

나는 여러 체험시설에 대한 예약은 미리미리 준비하려고 했다. 다만 레스토랑 등 식당 예약의 경우 가능한 임박해서 했다. 아이들의 체력과 시간 여건상 가지 못하는 경우가 많았기에 예약을 취소하는 민망함과 불편을 줄이기 위해서였다.

7. 여행지 사전 준비

    생각해 보면 아이들과 주로 한 여행은 다양한 박물관을 찾아가면서 즐기고 배우는 여행이 많았다. 우리 일상생활 속에서 유용한 정보와 감상을 담고 체험을 할 수 있는 곳이 바로 박물관이기 때문일 것이다. 또 박물관이 주는 오묘한 안정감과 깨끗한 전시장, 정성 가득한 전시물의 특색이 발길을 이끌었다. 그 안에서 배울 것들, 느낄 것들이 많았다.

    도쿄 안에는 정말로 다양한 박물관과 기념관, 수족관, 문학관, 도서관, 체육관, 기술관, 역사관, 체험관이 있다. 대중교통 접근성도 좋아 방문하기 편리하다. 도쿄에는 60여 개

박물관과 30여 개 미술관, 60여 개 기념관, 20여 개 수족관이 운영되고 있다고 한다. 유명 공원이나 역사적 유례를 가진 신자(神社)와 절(寺), 교회 등까지 더한다면 200곳은 넘지 않을까 조심스럽게 추측해본다. 도쿄와 인접한 지바현(千葉県)과 가나가와현(神奈川県) 등까지 포함하면 다양한 볼거리는 배 이상 늘어난다.

이런 '박물관' 정보를 얻은 곳은 단연코 온라인이다. 일본 관광국의 공식 관광 홍보 사이트와 도쿄 관광 블로그, 도쿄의 구(区) 별 페이스북과 인스타그램, 유튜브 관광 홍보영상 등 다양한 온라인 검색을 통해서 관광지 자료를 모았다.

특히, 구글 같은 검색 사이트를 적절히 활용하면 목적별 관광지 검색은 물론 이동 방법, 시설 이용 예약 방법, 걸어서 갈 수 있는 주변 공원, 인근 관광지, 주변 쇼핑몰 정보 등을 수월하게 찾을 수 있다.

체험학습 목적에 맞는 여행지 선택,
차근차근 알아보고 준비하자

우선 내가 가고자 하는 지역에 어떤 박물관과 기념관 등이 있는 지를 검색한다. 이때 아이들이 평소 관심을 가진 분야나 인물 등을 중심으로 구체적으로 검색하면 좋다. 우리 아이들은 애니메이션 캐릭터와 창작 만들기, 미술, 피아노, 놀이동산에 관심이 많다. 그래서 이런 분야와 관련된 박물관이나 미술관, 기념관 등 전문 시설을 중점 검색해서 선택하게 됐다.

가보고 싶은 곳이 정해졌다면 구체적인 정보를 찾아보았다. 해당 공식 사이트에 주변 관광 정보를 포함한 다양한 필요 정보가 들어있다. 공식 사이트는 한국어로 자동 번역이 되는 경우가 많다. 하지만 좀 엉뚱하게 번역되면서 이해하기 어려운 경우도 많다. 그래서 일단은 한국어 번역 사이트로 전체 내용을 쭉 살펴본 다음에 이해하기 어려운 부분은 영어나 일본어로 살펴보면 좋다.

홈페이지 등 웹사이트에서
필요한 알짜 정보를 발굴하자

홈페이지 내용 전체를 단시간에 모두 이해하기는 좀 어려웠다. 낯설기 때문이다. 그래서 가능한 정기 휴관일이나

예약 필요성 여부, 교통편, 주차 요금, 할인 제도, 체험시설 이용 시간, 이벤트 등등의 알짜 정보를 중심으로 파악해 나갔다.

공식 홈페이지의 경우 대부분이 형식이 한국 사이트와 비슷하다. 상단에 주요 메뉴가 있다. 해당 시설의 역사와 시설 규모, 층별 소개, 이용 요금, 교통편, 시설 내 편의시설 정보, 최신 전시 내용 등이 나와 있다. 공식 홈페이지에 있는 FAQ(자주 묻는 질문) 말고도 이메일로 직접 문의해도 상당히 신속하게 답장을 받을 수 있다는 것은 일본 사회의 특징이지 않나 싶다.

나 역시 헷갈리는 부분을 이메일로 문의한 적이 있다. 한국어를 네이버 파파고 번역기에서 일본어로 번역한 뒤에 별다른 수정 없이 바로 보냈다. 이틀 뒤에 답장을 받았다. 일본어로 된 답장도 파파고 번역기를 통해서 큰 어려움 없이 해석해 이해할 수 있었다.

또 관심을 가지고 있는 시설에서 운영하는 페이스북이나 인스타그램, 유튜브 채널을 살펴보면 그 시설에 대한 최근 관광 정보와 체험 행사 정보를 얻기가 쉽다. 일본의 경우 공식 홈페이지에는 정말 아주 디테일한 정보까지 세세하게 담아두는 경향이 있다. 그래서 한눈에 정보의 의미를 파악하기 어렵기도 하다. 하지만 SNS의 경우에는 아주 핵심

내용이나 최근 소식을 간략하게 전달하기 때문에 이해하기 편리한 면이 있었다.

여행지 사전 준비를 하는 것은 다소 힘이 들기도 했다. 사전 준비를 하는데 시간도 많이 걸렸다. 아이들과 체험학습 등으로 방전된 체력을 재충전하지도 못한 채 내일 또는 다음 주의 일정을 결정해둬야 했다. 큰 틀의 준비는 입국하기 전에 세웠지만 현장에서 챙겨야 하는 세세한 준비가 필요했기 때문이다. 자칫 준비 없이 있다가 다음 날을 수확 없이 보낸 적도 있었다. 지금 생각해도 정말로 아까운 시간이라고 느껴진다. 그만큼 사전 준비가 중요하다고 여겨진다.

8. 여행지 맛집과 쇼핑

여행을 가면 빼놓을 수 없는 것이 맛있는 음식을 먹는 것과 쇼핑을 하는 것이다. 음식을 먹고 물건을 사면서 즐기는 재미가 크기 때문이다. 나 역시 가족과 함께 쇼핑을 좋아하고, 맛집 탐방을 즐길 줄 안다. 일본에서는 더욱 이런 유혹에 빠지기 쉬웠다.

이유는 일본의 웬만한 식당은 거의 맛있기 때문이다. 일본 식당의 경우 상당수가 2대째, 3대째 이어져 오는 곳이 많다. 자신의 아버지나 할아버지가 하던 식당을 이어받아하는 경우이다. 이런 곳은 영업의 역사가 50년 이상은 된다. 오랜 기간을 이어온 곳이라면 웬만하면 맛이 보장된다. 가격의 문제는 남아 있을 수 있지만 맛이 없는 집은 거의 없다고 느껴졌다. 그 식당만의 맛이 있다. 아이들이 좋아하는 메뉴가 식당 선택의 기준이었다는 점은 고려해야 할 상황이었다.

아이들 입맛에 맞는 음식점을 알아두자
건강과 체력 관리도 놓칠 수 없다

또 역사가 긴 만큼 그 가게 나름의 비법 양념(특제 소스)과 특별한 조리법을 갖춘 곳이기도 하다. 그리고 일본 상인들의 기본 정신은 좋은 물건을 가능한 싸게 판매한다는 의식을 가지고 있다. 그래서 상품 가격 인상을 자제하는 분위기가 전반적인 상인들의 인식으로 자리 잡고 있다. 일본의 오랜 경기 침체 속에 가격을 올리면 매출에 타격이 있을 가능성이 크기 때문에 가격 인상을 주저하고 있는 면도 많다. 하지만 최근에는 물가 상승으로 가격이 오르는 추세이다.

여행지 쇼핑은 어떨까? 쇼핑은 일본 전통 물품을 파는

소매상을 제외하고는 대형 쇼핑몰과 상점가에 집중돼 있다. 대형 쇼핑몰에 입점해 있는 상점은 비싸다. 하지만 브랜드가 확실하고, 상품의 질을 담보한다. 가격이 크게 상관없다면 쇼핑은 긴자나 롯본기, 도쿄역 주변 등 속속 새로 생겨나는 대형 건물로 간다면 즐거운 한때를 보낼 수 있을 것이다.

이런 의미에서 아이들이 체험하고 즐길 수 있는 관광지를 갔다가 주변의 상점가나 번화가에서 쇼핑을 하고, 맛있는 음식도 즐길 수 있다.

도쿄 도심 곳곳에 즐비한
레스토랑과 쇼핑몰도 놓치지 말자

거리를 걷다보면 긴 대기 줄이 있는 가게들이 있다. 맛집으로 소문난 곳들이다. 일본의 젊은이들은 그런 곳에서 1,2시간씩 줄을 서서 기다리는 것에 익숙한 듯 보였다. 한국도 마찬가지이지만, 일본사회가 가진 음식에 대한 문화로 보이기도 했다.

긴 줄을 서고 있는 청년들의 상당수는 이른바 '인증 사진'을 찍기 위해서 유명 식당에 가는 경우도 적지 않다고 들었다. 자신의 SNS에 맛집 사진을 올리면서 같은 세대 친구들과 소통하기 위해서이다.

　나는 아이들과 함께 있어 식당 입장 대기를 할 엄두도 내지 못했다. 기다리는 시간의 아까움과 좁은 식당의 불편함 때문이다. 그래서 정말로 대단한 맛을 가지고 있을지 의문을 가지면서 바라보았다. 다행인 것은 앞에도 말했지만 대부분의 일본 식당들은 맛이 괜찮다는 점이다. 긴 대기 인파가 일상인 유명 맛집은 나중에 아이들이 조금 더 컸을 때 일본 여행으로 찾아가서 즐길 수 있을 것이라고 생각했다.

9. 자치단체 국제교류센터 활용하기

　　도쿄에 가기 전에 도쿄에서의 다양한 문화 체험을 위해서 찾아본 곳 중 한 곳이 국제 교류협회이다. 구청 홈페이지에서 알게 된 기관이다. 구청(区役所, 쿠야쿠쇼)이 운영하는 국제교류협회는 외국인들의 적응을 위해서 다양한 연계 사업을 하고 있었다. 기초 일본어 가르치기, 일본인 친구 만들기 프로그램, 일본인과의 대화 행사 등 많은 프로그램을 운영하고 있다. 거의 무료 프로그램들이다.

　　나와 아이들은 도쿄에 도착하고 얼마 안돼서 이 센터를 찾아갔다. 사전에 메일로 연락을 해두었다. 그리고 직접 방문해서 여러 안내를 받았다. 내가 찾아간 목적은 '일본인 친구 사귀기 프로그램'에 참여를 부탁하기 위해서였다. 일본인 친구 사귀기 프로그램은 협회에서 외국인의 상황에 맞는 일본인 친구(자원봉사)를 선정해 연결해주는 프로그램으로, 석 달을 기간으로 최소 8번 이상 만나서 이야기하며 일본 생활의 조언자 역할 등을 해주는 목적을 가지고 있다.

도쿄에서
국제 교류의 기회를 활용하자

하지만 우리 가족은 이 프로그램에 최종적으로 참여하지 못했다. 40일이라는 짧은 기간이 해당되지 않았기 때문이다. 그래도 이런 방문만으로도 의미 있는 시간이 됐다. 우선 국제교류라는 소소한 행사 프로그램 안내를 받았고, 그 프로그램을 담당하는 사람과 이런저런 이야기를 하면서 도움을 받을 수 있었기 때문이다. 아이들도 함께 가면서 새로운 경험이 됐을 것이라고 생각된다.

첫째 아이는 나중에 자신이 어른이 되면 한국에 찾아오는 외국인들의 쉬운 정착을 위해 자원봉사 활동에 참여해보고 싶다는 의견도 말하기도 했다. 작지만 소중한 경험이다.

혹시 장기간 체류하는 한국인이라면 한번쯤 이런 국제교류 프로그램에 참여해 보는 것도 참 좋을 것 같았다. 일본인 친구를 사귈 수 있는 아주 좋은 기회를 만들어 주는 행사 이기 때문이다.

이후 우리 가족은 도쿄에서 대학을 다니는 외국인 유학 생과 함께 하는 체험 프로그램이 있어서 신청해서 선정되었 다. 행사 시간을 맞춰서 갈 준비를 했는데 며칠 전부터 첫 째 아이의 얼굴에 아토피 같은 붉은 반점들이 여러 곳 일 어나면서 결국 참여하지 못했다. 첫째 아이가 첫 만남에 붉 은 반점이 생겨 창피하다며 꺼려했기 때문이다. 행사 주최 측에 참가할 수 없다는 메일을 보내며 예약을 취소한 경험 이 있다. 이런 경우는 너무도 아쉬웠지만 국제교류센터의 소개로 여러 행사에 참여하거나, 행사 정보를 얻을 수 있었 기에 큰 도움을 받았다.

이러한 국제 교류 행사에서는 재미뿐만 아니라 새로운 사람을 만나면서 생기는 자신감과 노하우, 외국어 말하기 등 얻을 수 있는 것들이 많다. 그래서 비슷한 교류 행사가 또 열리는 지를 수시로 확인해 가능한 참여하려고 시도했 다.

● 2부 ●

도쿄에서 알차게 지내는 법

「도쿄에서 생활하는
실용적인 노하우를 체득해
체험학습 효과를 높이자」

10. 도쿄에서 살아가기

　　도쿄는 바쁜 도시이다. 도로의 차량 통행도 많고, 사람들도 많고, 건물도 많고, 거리도 혼잡하다. 도쿄에 사는 외국인의 수도 많다. 점심시간 거리에서는 쉽게 외국인들의 모습을 볼 수 있다. 주말 상점가나 대형 쇼핑몰을 찾아가보면 영어와 중국어, 한국어를 쓰는 사람들을 볼 수 있다. 그런만큼 서울 등 세계적 도시와 마찬가지로 국제사회의 일반적인 규칙과 매너가 통용되는 도시이기도 하다.

　　또한 도쿄에 거주하는 사람들은 생각보다 외국 생활을 경험한 사람들이 많이 있는 느낌이 든다. 학생시절이거나 어린 시절 또는 직장 생활을 하면서 외국에서 근무를 했거나 유학을 했거나, 홈스테이 경험을 가진 일본인들을 종종 만난다. 그런 크고 작은 외국 경험을 한 사람들이 있기에 도쿄에 거주하는 외국인들, 외국 관광객에 대한 시선이 개방적이라는 느낌도 함께 들었다.

그런 의미에서 관광지나 대중교통을 이용하면서 외국인에 대한 배려를 찾을 수 있다. 영어를 병기하거나 한국어, 중국어 등을 함께 안내하는 경우가 많다. 한국어보다는 중국어가 많은 것은 사실이다. QR코드(code)를 덧붙여서 휴대폰으로 QR코드를 스캔하면 자세한 설명을 얻을 수 있는 곳도 있었다. 어려운 일본 한자에 애를 먹고 있는 외국인들 입장에서는 이러한 배려는 크게 다가온다. 그만큼 도쿄 관광과 거주의 편리성이 높다는 의미로도 읽혀졌다.

갈수록 높아지는 한류 열기,
초등학생 체험 학습 최적기

한류 인기는 여전하다. 최근 BTS나 블랙핑크, 르세라핌, 배우 현빈 등 유명 한국 아티스트들이 인기를 얻고 있다. 한류 인기는 더욱 뜨거워지는 것 같다. 도쿄 신오쿠보(新大

久保) 지역에 가면 한인 타운(korean town)이 점점 커져가고 있다는 인상을 받는다. 한류 인기의 영향이 분명하다. 최근에는 다양한 한국 체인점들이 속속 생겨나고 있고, 한국 식품을 파는 상점도 많다. 주말이면 친구와 함께 나들이 나온 젊은 일본인 여성들의 발길이 끊이지 않는 명소로 자리 매김하고 있다. 한국 유학생들도 많아 곳곳에서 한국말을 어렵지 않게 들을 수 있는 곳이기도 하다.

도쿄는 세계적으로 치안이 안정적인 곳이다. 일본 뉴스에 강력 범죄 사건이 종종 보도되고 있지만 일상생활에서 느끼는 체감 치안은 상당히 좋다고 생각됐다. 밤에 골목길을 혼자 걸어가더라도 크게 무섭지 않다. 도로변을 중심으로 주택가 곳곳에 '코방(交番, koban)'이라고 불리는 '작은 파출소'가 있다. 일부 유흥가를 제외하고는 불량배로 보이는 사람들을 본 적이 거의 없기도 하다.

일본 청년들은 대학교나 고등학교 졸업 이후 지방에서 도쿄로 이주를 희망하는 젊은이들이 많다. 직업을 찾기 위해서이다. 상대적으로 일본의 농촌지역에서는 고령화가 날로 심각해지고 있다고 한다. 그만큼 도쿄는 매력을 지닌 도시이지만 인구가 밀집되면서 생기는 소통의 단절이나 분주함, 비싼 물가 등의 문제점도 안고 있다.

일본에서 도쿄 이외에도 오사카나 홋카이도, 큐슈지역이

관광지로 크게 알려져 있고, 또 온천 등 아름다운 자연환경을 갖추고 있는 곳이 많다. 특히 오사카와 교토, 나라 등 일본 관서지역은 역사적 명소를 갖추고 있다. 도쿄라는 도시에서 살아갈 기회가 생긴 것은 아이들에게 좋은 경험이 될 수 있는 면이 더 많다고 생각됐다.

11. 도쿄 집구하기

도쿄에서 살 집을 구해야 한다. 집은 중요하다. 항상 밖에서 지낼 수 없다. 집은 편안하게 휴식하는 공간이다. 잠을 자고, 씻고, 밥을 해 먹고, 대화를 하고, 내일을 계획하고, 학습을 하는 공간이다. 특히 외국 생활에서 안락한 집은 가장 첫 번째 우선순위라고 생각했다. 특히 아이들이 있기에 더욱 그러했다.

집과 주변 환경, 치안 상황, 집안 생활 도구, 대중교통의 접근성, 공원 등 산책로 근접 여부, 햇빛이 잘 들어오는지,

월세와 관리비 등이 저렴한지를 꼼꼼히 확인해야 한다. 잠시 살 집을 렌트하는 것이기에 더욱 중요하다. 한번 선택하며 쉽게 되돌릴 수 없는 결단이기 때문이다.

도쿄에서 외국인이 단기간 사용할 집을 구하는 것은 쉽지 않은 일이었다. 여러 조건을 잘 챙겨야 했고, 실제 조건에 맞는 집을 외국인 단기 생활 가족에게 빌려줄 것인지도 잘 확인해야 시간 낭비와 마음고생을 줄일 수 있다. 특히 일부 임대인들은 외국인은 아예 거절하는 경우도 많다고 들었다.

다양한 주택 정보를 찾아보고
그리고 과감하게 결정하자

이 때문에 여러 확인 과정이 불안하고 어려울 경우에는 도쿄에 있는 부동산중개업소를 통해서 구하는 것도 한 방법이다. 한국인들이 운영하는 부동산중개업소도 있다. 그렇지 않으면 부동산 매물을 소개하는 다양한 웹사이트로 통해서 확인해도 된다. 또 단기 생활자에게 주로 임대를 주는 부동산 물건을 중심으로 찾는 것도 방법이다.

운 좋게 도쿄에 지인이나 가까운 친척이 있다면 더욱 도움이 될 것이다. 현지에서 알 수 있는 다양한 정보를 확인할 수 있다면 불안감을 덜 수 있다. 다양한 경로들을 확인하면서 최선의 선택을 위한 조언을 얻어야 한다.

내가 구한 집의 렌트 비용은 구체적으로 언급하지 않기로 했다. 아이들이 몇 명인지 등등 집을 구하는 조건과 각자의 입장의 편차가 너무도 크기 때문이다. 그래서 내가 구한 집의 월세 금액이 도움이 되지 않을뿐더러 오히려 혼란을 일으킬 수 있을 것이라고 생각하기 때문이다. 나 역시 집을 알아보는 과정에서 주변에서 들은 금액들이 오히려 혼선을 일으키기도 했다.

여기서는 집을 구하는데 어떠한 조건을 미리 체크해두고 실제 계약할 때 어떤 부분을 자세히 살펴야 하는지에 대해서 이야기하려고 한다. 나의 경우 갑작스럽게 직장 일과 개인적 일들이 복잡하게 얽히면서 집을 구하는 데 애를 먹었다. 여러 돌발 변수를 감안해 가야하기에 도쿄에 집을 구하는 것은 준비와 과감한 결단이 함께 요구되는 일이었다.

집을 결정하는 선택에 신중했다. 그래서 2달 넘는 숙고 끝에 찾은 곳이 도쿄(東京) 미나토 구(港区)의 한 주택가에 있는 48제곱미터 크기의 집이다. 1LDK이다. 방 1개에 거실 겸 부엌, 욕실로 구성된 집이다. 이 집을 선택하게 된 이유는 집 위치가 편리하다고 생각했기 때문이다. 전철역이 도보로 15분 정도 떨어진 곳에 있었다. 버스는 걸어서 5분 안쪽에 여러 노선이 다니고 있다. 식재료를 살 수 있는 슈퍼마켓은 도보로 10분정도 떨어져 있다. 이 슈퍼마켓은 거리가 가깝기도 하고 중형 크기의 체인점이어서 편리했다. 편의점은 집 앞 도로변에 여럿 있었다.

작지만 어린이 공원이 집 뒤편에 있었고, 주변에 대학교 캠퍼스가 있어서 주변 환경도 소란스럽지 않았다. 또 우체국도 인근에 있어 편리하다고 느껴졌다. 상점가는 없었다. 하지만 상점가가 없어 오히려 조용했고 아이들이 살기에 좀 더 적당해보였다. 집에는 옵션이 있었다. 에어컨과 세탁기, 작은 냉장고가 있기 때문에 대형 가전제품을 구입하는 비용을 절약할 수 있다고 생각돼 결정하게 됐다.

이처럼 내가 집을 찾아본 방법이 얼마나 효율적인지, 옳은 것인지를 장담하기는 어렵다고 느끼고 있다. 외국에서 집을 구하는 방법이 어렵기도 하고, 다양하기 때문에 절대적인 기준으로 '맞다, 틀리다'를 판단하기가 힘들기 때문일 것이다.

나는 우선 초기에 여러 부동산 검색 사이트를 통해서

알아보았다. 일본에서 집을 구해주는 사이트를 방문해 물건을 찾았다. 그리고 일본의 부동산 업체에도 내가 원하는 조건에 맞는 집을 찾아달라고 해보기도 했다. 하지만 성과가 거의 없었다. 외국인에게, 그것도 잠시 살기에 제약조건이 많았다. 이 과정에서 어느 지역에 거주할지 큰 틀의 지역을 결정할 수 있었다. 이후 1달 이상 장기 임대용으로 사용되는 집을 중심으로 집 알아보기를 계속했다.

경제적인 부분을 먼저 정해야,
무리는 금물!

집을 구하는 데 가장 현실적인 문제가 돈이다. 일본 집을 렌트하는데 드는 비용이 상당하기 때문이다. 게다가 도쿄의 경우 집 렌트 비용이 일본 내 다른 지역보다 비싼 편이다. 웬만한 도쿄 23구(区) 안에서 교통 접근성이 좋은 지역 안에 집을 구하는 것은 상당한 경제적 지출을 감당해야 한다. 신축이나 구축이나, 역세권 여부 등에 따라 천차만별이지만 1LDK 정도의 집을 빌리는 데 대략 1달 월세 비용이 15만 엔에서 25만 엔 정도가 될 것이다. 그렇기에 내가 감당할 수 있는 예산의 범위를 확정하는 것이 먼저이다.

집을 구하기 위해서 직접 일본에 방문하는 것이 최상이 지만 그러지 못하는 경우도 있다. 시간적, 경제적 여건을 맞추기가 쉽지 않기 때문이다. 이러한 제약을 극복할 수 있는 것이 구글(Google) 지도를 통해서 집 주변의 환경을 살펴보는 방법을 활용했다. 구글 지도에서 비교적 상세하게 확인할 수 있다. 주변 건물의 구조와 지하철까지 거리 계산, 주변 맛집 정보, 도서관 등 주변 공공시설 위치 확인도 가능하다.

이렇게 가능한 꼼꼼히 확인한 뒤 자신의 경제적 상황에 맞춰서, 최대한 아이들이 거주하기 좋은 여건의 지역을 고르는 것이 최상이다. 그렇게 최상의 현실적 요구 조건을 갖춘 집을 선정하기 위해서 외국에서 방학생활을 보내는 목적이 무엇인지, 무엇을 할 것인지를 최우선 기준으로 고려했다. 가격이 비교적 저렴하다고 해도 도쿄에서 너무 외곽에 떨어진 집은 접근성 면에서 여러 체험활동을 즐기기에는 효율적이지 않기 때문이다. 그래서 이동 시간을 가능한 줄이는 것이 편하기도 하고, 경제적이기 때문이다.

12. 도쿄 집 최대한 편리하게 쓰기

    일본에 방학기간 거주할 집이 구해졌다면 최대한 활용해야 한다. 최대한 활용한다는 것은 일본 집이 가진 단점을 최소화하는 것이다. 좋지 않은 집이기에 단점을 보완하는 것이 아니라 일본 집이 구조적으로 가지고 있는 단점, 한국 집과 다른 구조적 차이점을 극복하기 위해서이다.

    일본 집의 경우 겨울에 집 안이 춥다. 일본에 거주하는 한국인들 가운데 상당수가 겨울이 되면 한국 온돌의 따뜻함을 그리워하는 것 같았다. 한국은 겨울 기온이 일본보다 더

낮기에 온돌문화가 생겨났다. 섬나라인 일본은 겨울 기온이 한국보다는 비교적 높다고 하지만 해도 일찍 지고, 햇볕이 잘 들어오지 않는 집의 경우 바깥보다 집 안이 더 춥다고 느껴지는 것 같기도 했다. 실제 일본 집은 베란다 창문이 이중창이 아니기에 밖의 바람이 집 안에 잘 들어온다. 그래서 에어컨 겸용 온풍기에서 나오는 온기가 쉽게 밖으로 빠져나갔다. 이 부분을 확실히 개선해야 된다. 그래야 온기를 유지할 수 있고, 감기도 걸리지 않는다.

그 방법 중 하나가 커튼이다. 두꺼운 커튼을 설치해서 외풍이 들어오고 나가는 것을 막아야 한다. 또 두꺼운 커튼으로도 완전하지 않다면 근처 100엔 숍(shop)에 가서 넓은 투명 비닐을 사다가 적당한 크기로 잘라서 커튼 뒤쪽에 대어두면 효과가 좋다. 아침이 되면 비닐을 떼어내고 습기를 말려줘야 위생적으로 사용할 수 있다. 이마저도 어렵다면 종이 박스를 펴서 커튼 뒤쪽에 겹쳐서 대어두면 창 사이로 스며드는 찬바람이 직접 들어오는 것을 막을 수 있다.

바람구멍이 하나 더 있다. 바로 현관문이다. 현관문의 아래쪽이 바닥과 딱 밀착돼 있지 않기 때문에 바람이 드나든다. 여기를 잘 막아야 한다. 적당한 크기로 자른 종이상자 조각을 끼워 넣어도 된다. 그러자 쌩쌩 불어 들어오던 건조하고 차가운 바람이 막아졌다. 문을 열고 닫을 때 빼야 하는 불편함이 있지만 내가 생각해 낸 가장 견고한 방법이라고 생각하고 있다. 불편을 감수할 만한 효과가 있었다.

아이들과 안락하게 지낼 수 있도록
일본 집의 단점을 최대한 줄이자

한국인들은 온돌문화에 익숙하다. 하지만 일본 집에는 온돌이 없다. '유카단보(床暖房)'라는 바닥에 들어가는 일본식 난방이 있기는 하다. 새로 짓는 집은 이 방식을 많이 설치한다고 들었다. 물론 전기료나 도시가스 요금이 많이 나온다고 한다. 내가 렌트한 집에는 '유카단보'가 없었다. 그래서 바닥이 차가웠다. 한겨울에는 실외보다 집 안이 더 춥다고 느껴지기도 한다. 그래서 나는 겨울에 집 안에서 양말을 신었다.

하지만 아이들은 달랐다. 집 안에 있어도 그렇게 춥지 않다고 말했다. 양말도 신지 않았다. 아침에는 얇은 조끼를 잠시 입고 있기는 했다. 많이 사용하지는 않았지만 혹시 몰라 한국에서 미리 준비해 간 따뜻한 잠옷과 수면 양말은 몇 번 사용하지 않았다. 하지만 마음을 든든하게 해주는 물품이었다.

밤에는 푹 잘 수 있도록 전기장판을 사용했다. 한국 전기장판 대신 일본 전기장판을 구입해서 사용했다. 온라인 주문도 있지만 걸어서 30분 정도 떨어진 양판점인 돈키호테에 가서 저렴하면서도 전자파가 차단되고, 전기 효율이 좋다고 쓰여 있는 제품을 구입했다. 전기 난방 제품은 전기장판도 있고, 전기 이불도 있다. 기능은 비슷하지만 크기를 확실히 확인하고 구입해야 한다. 가격이 싸다고 크기 확인 없이 샀다가는 너무 작아 낭패를 볼 수 있기 때문이다.

또 하나의 보완점은 습도이다. 겨울이 되면 상당히 건조한 날씨가 이어진다. 건조하기에 집 안이 더욱 춥게 느껴지고 목감기에 걸릴 위험이 크다. 피부도 푸석푸석해진다. 그래서 필수로 필요한 것이 가습기이다. 가습기를 야간에 적절히 사용해야지 잠을 자도 푹 잘 수 있고, 감기 걱정을 줄일 수 있다. 특히 아이들은 습도에 민감하기 때문에 습도를 잘 유지해야 한다.

가습기뿐만 아니라 젖은 수건을 2,3장정도 준비해서 옷걸이에 걸어서 집 안 곳곳에 안전하게 놓아두어도 습도를 지속적으로 유지하는데 큰 도움이 됐다. 물론 젖은 수건을 아침에 다시 거두고 세탁하는 것도 번거로운 일이지만 특별한 방학을 건강하게 지내기 위해서 번거로움은 감수해야 할 부분이다. 이런 부분은 한국에서의 생활과 공통된 점이었다.

식수, 마실 물도 어떻게 해야 할지 결정해야 했다. 정수기를 사용할 수 없기 때문이다. 어떤 사람들은 도쿄의 경우 수돗물을 그냥 먹어도 전혀 문제없을 정도로 수질이 좋다고 말한다. 물을 정수하거나 정수한 물을 가정집까지 보내는 송수관이 깨끗하다는 것이었다. 하지만 안심하기가 쉽지 않았다. 혹시나 아이들이 물갈이를 하면서 배가 아프거나 설사병이 생기는 것 아닌가하는 걱정 때문이다.

그래서 생수와 보리차를 사용하기로 했다. 생수를 적당량 구비해두고 마시고, 밤이나 아침에는 미리 끓여 냉장고에 보관해 온 보리차를 주기로 했다. 한국에서는 정수기와 생수를 마셨다. 그런데 예상 외로 아이들은 보리차를 선호했다. 개인적 의견이지만 일본 보리차의 깔끔한 맛이 갈증을 생수보다 더 잘 해소해주는 것 같았다. 보리차의 향도 은은했다. 보리차를 끓이는 것은 약간 번거롭지만 아이들이 맛있게 마시는 모습은 기분 좋은 일로 만들어줬다.

좁은 일본 집에서는 짐을 최소화해야 했다. 내가 어수선한 것을 싫어하는 성격이기도 했지만 짐이 많으면 생활공간이 좁아지기 때문이다. 1인당 밥그릇 1개, 국그릇 1개, 접시 2개, 수저, 젓가락, 포크 등등 1개씩이다. 신발도 운동화 1개, 털 부츠 1개만 쓰고, 옷도 자주 빨아 입는다는 생각으로 간편하게 지냈다. 필요한 생필품이 생기면 그때그때 잘 정리해서 사서 쓰는 것이 좋다. 그래야 생활비도 아껴지고 짐이 늘어나지 않는다. 그렇기에 집 근처의 100엔 숍이나 값싼 대형 잡화점에서 구입했다.

일본 100엔 숍(shop)은 한국에서도 잘 알려진 다이소(Daiso) 외에도 와츠(Watts), 캔 두(Can Do), 세리아(Seria) 등이 있다. 돈키호테는 대형 잡화점으로 상당히 많은 종류의 물품을 저렴한 가격에 팔고 있다. 구글 맵에서 상호로 검색하면 영업시간과 위치가 나온다. 잠시 쓸 것이라는 생각으로 저렴하고 유용한 물건 위주로 구입해서 사용했다.

13. 긴급 상황 대비책

도쿄에 와서 만약 아이들이 아프면 어쩌나 하는 생각이 들었다. 이빨이 흔들리거나 충치가 심해지거나, 배탈이 나거나, 코로나에 걸리거나, 넘어져 어딘가 베이는 상처가 생기거나, 인도를 질주하는 자전거와 부딪히는 사고가 나면 어떻게 해야 하나?

그런 비상상황에 어떻게 대처해야 할지 미리 생각해보았다. 우선 구급차를 부를 줄 알아야 했다. 일본의 구급차는 한국과 마찬가지로 전화번호가 119번이다. 마음이 급하면 이마저도 생각나지 않을 수 있으니까 항상 염두에 두고 있어야 한다. 범죄 신고는 다르다. 한국처럼 112번이 아닌 110번이다. 이건 꼭 기억해두자.

구급차를 부를 정도가 아니라면 가장 가까운 대형 병원이 어디에 있는지 미리 알아둬야 했다. 일본 주택가 주변에 많은 클리닉(clinic)이 있지만 응급 상황에 이용하지 못할 것 같았다. 그래서 집 근처 대형병원의 이름과 주소, 병원 전화번호를 휴대폰 메모장에 적어두었다. 그리고 집 근처에 있는 소아과와 치과를 알아두었다. 소아과는 감기 때문이고, 치과는 둘째 아이의 치아가 흔들리고 있기 때문이었다.

하지만 일본에 있는 40일 동안 병원은 한 번도 가지 않았다. 다만 첫째 아이 얼굴 피부가 아토피 증상처럼 계속 붉게 일어나서 피부 연고를 사서 발랐던 적은 있지만 다소 가벼운 증상이어서 다행이었다.

그리고 또 중요한 것이 한국대사관 전화번호를 저장해두는 것이다. 만약의 사건과 휘말렸을 때 바로 전화를 해서 도움을 받아야 한다. 영사콜센터 무료전화 앱(app)도 있다. 설치해두면 비상 상황에서 사용 가능하다.

주일 외교부 영상 콜센터는 +82-2-3210-0404이다. 주소는 일본 동경도 미나토구 미나미아자부 1-2-5(日本 東京都 港区 南麻布 1-2-5)이다.

긴급 상황에서 당황하지 않기 위한
확실한 대책을 기억하자!

긴급 상황 가운데 가장 흔하면서도 도움의 손길을 요청하기 애매할 때가 있다. 바로 비교적 심하지 않은 통증이다. 병원에 가기도 약간 뭐하지만 통증이 있어 생활하기 곤란한 상황. 배탈 설사나 편두통, 감기, 허리통증, 열, 상처 등이 대표적일 것 같다. 이런 경우를 대비해 반드시 준비해둬야 하는 것이 비상약이다.

비상약은 한국에서 미리 준비해서 가는 것을 추천한다. 역시 한국인 몸에는 한국에서 만들거나 판매하는 약이 좋다. 해열진통제와 설사 배탈약, 평소 자신에게 잘 듣는 종합감기약, 우황청심환, 밴드, 열 식히는 냉각 패드, 알레르기성 간지럼 치료연고 등은 미리 준비해두면 좋다. 다만 일본 드러그 스토어(drug store, 약국 겸 잡화점)에서 파는 약도 좋은 것들이 많다.

미리 블로그 같은 데에서 검색을 해보면 한국에는 없지만 약 효과가 좋은 상비약을 찾아 일본 현지에서 사서 쓰면 된다. 예를 들어 생리통 약이나 두통약, 손 가려움, 멀미약 등은 일본 약의 성능이 좋다고 알려져 있다. 값은 약간 비싸다고 느꼈다. 연고의 경우 800엔에서 1,800엔 사이에서 다양하게 분포하고 있었다.

약을 살 때에는 드러그 스토어 계산대에 가서 약 전문 판매 자격을 가지고 있는 점원에게 증상을 이야기하고 가장 좋은 약을 추천받을 수도 있다. 일본 드러그 스토어에는 상당한 종류의 약들이 진열돼 있다. 약에 쓰여 있는 일본어를 확실히 알지 못할 경우에는 그냥 사지 말고, 번역기의 도움을 받아가며 확인해서 사용하는 것이 좋다.

특히 아이들이 사용하는 연고 등에 스테로이드 성분이 얼마나 들어있는지, 용량은 어느 정도로 해야 하는지 등을 확인하는 것이 좋다.

14. 택시 · 전철 · 버스 · 신칸센

일본에서의 이동 수단은 자가용이 될 수 없었다. 차량을 렌트할 수도 있지만 렌트 비용도 비용이지만, 운전에 자신이 없기 때문이다. 한국과 운전석 위치가 달랐고 낯선 일본의 교통 신호 체계를 안전하게 익히는 데도 자신이 없었다. 또 렌트 비용을 넘어서는 주차비용과 주차 공간 확보도 골칫거리 중 하나였기 때문이다.

도쿄 안에서도 비교적 큰 기업에 다니면서 안정적인 주차공간을 확보할 수 있는 주택에 사는 사람들이 주로 자가

용을 평일에도 사용하면서 출퇴근한다고 들었다. 나는 그런 조건에 맞지 않았다. 도쿄 내 이동 수단은 전철과 신칸센, 택시, 버스였다. 대중교통 이용객이 붐비는 출근 시간대만 살짝 피한다면 대중교통을 이용해 쾌적하게 원하는 목적지까지 이동할 수 있었다. 나는 아이들에게 작은 수고로움은 오히려 추억이고 배움의 시간이 된다고 이야기해주며 즐겁게 대중교통을 이용했다.

비싼 대중교통 비용
다양한 수단을 현명히 이용하자!

먼저 전철과 기차이다. 나는 '스이카(Suica)'를 샀다. 스이카는 대중교통 카드이다. 주로 전철에서 사용했지만 버스도 쓸 수 있다. 또 새로 나온 자판기에서 캔 음료수를 사는 데도 쓸 수 있다. 편의점에서도 결제가 가능하고, 택시에서도 요금을 낼 수 있다. 상당히 편리한 교통 결제 수단이다. 현금으로 전철 표를 사는 것보다 조금 저렴하다. 충전식이어서 역에서 충전해서 편리하게 사용하면 된다. 장점 가운데 하나는 일일이 전철 티켓을 사는 번거로움을 줄일 수 있다는 점이다. '스이카' 외에도 '파스모(PASMO)' 카드 등 다른 종류들이 더 있다. 교통카드의 경우 500엔의 보증금이 있지만 귀국할 때 공항 JR창구나 자동 반환기 등에서 환불받을 수 있다.

도쿄의 지하철 노선은 꽤 복잡하다. 하지만 서울 지하철에 익숙한 사람이면 금세 적응할 수 있다. 도쿄 곳곳을 연결하는 JR선과 지하철, 사철을 이용하고, 20분 안쪽의 걷는 수고로움을 더한다면 웬만한 곳은 대중교통으로 거의 다 갈 수 있다. 또 역을 중심으로 번화가와 상점가, 관광지 볼거리가 형성돼 있어서 역에서 내려서 많은 것들을 체험할 수 있다.

종이 노선도보다는 구글 지도를 활용하면 이용에 편리함이 더 커질 것이다. 구글 지도에는 전철 도착 시간과 이동 시간, 승차 플랫폼, 연결 노선 등을 쉽게 확인할 수 있다. 특히 보통 열차와 특급 열차, 고속열차 등의 종류별 운행 시간을 확인할 수 있어 이용의 효용성이 높다.

버스는 타기 편하지만 지하철보다는 예상 도착 시간이 더 걸리는 경우가 돌발적으로 생긴다. 도로가 막힐 경우에 특히 그렇다. 가까운 위치는 지하철보다 버스가 더 빨리 가지만 요금은 지하철보다 더 비싸다는 느낌을 받았다. 도쿄의 경우 버스 앞문으로 승차하면서 요금을 현금 또는 교통카드로 내고, 목적지에서 벨을 누르고 뒷문으로 내리면 된다. 내릴 때는 앉아 있다가 버스가 완전히 정차한 다음에

천천히 내리면 된다. 지역에 따라서는 버스 뒷문으로 타서 앞문으로 내리는 지역도 있다.

버스의 경우 주로 어르신들과 중고교생 학생들이 많이 이용하는 모습이었다. 그래서 붐빌 때가 많았다. 우리 가족에게 버스를 타는 것은 좀 불편했다. 혼잡한 경우가 많아서 아이들이 타기에 전철보다 어려움이 컸기 때문이다.

비싼 일본 택시지만,
두려워말고 적절히 활용하자

우리는 택시를 많이 이용했다. 일본 택시는 이용료가 비교적 비싸다. 이유는 기본료가 500엔 또는 600엔에서 시작하기 때문이다. 택시를 5분 정도 타도 요금이 800엔 정도 나온다. 집에서 근처 지하철역까지 타고 가면 보통 1000엔 정도 나왔다. 택시 잡기도 일단 쉽다. 택시가 참 많다. 그리고 뒷좌석은 자동문이고 캐리어 등 짐이 있다면 택시기사가 내려서 짐도 트렁크에 실어주고, 도착하면 짐도 내려준다.

100%는 아니다. 최근에는 도쿄 택시 운전사 가운데 나

이가 많은 어르신들도 꽤 있다. 이런 어르신 운전자들은 귀찮아서 인지 짐을 나르기 힘들어서 인지 몰라도 그냥 트렁크 문만 열어주는 경우도 몇 번 있었기 때문이다. 굳이 내가 외국인이어서 그랬다고는 생각하지 않는다. 요금이 비싸지만 택시의 편리함에 목적지가 비교적 가깝거나 지하철을 2, 3번 갈아타야하는 지역에 갈 때는 가능한 편리한 곳부터 택시를 이용하곤 했다. 아직 어린 아이들의 체력을 고려해야 했기 때문이다.

신칸센은 장거리 여행을 할 때 이용했다. 이용했다기보다는 이용해야만 하는 상황이었다. 최단 노선으로 신속하게 갈 수 있는 방법이 자동차나 비행기 외에는 신칸센(新幹線)밖에 없다. 단기 여행객이라면 신칸센을 이용하는 경우는 적을 것이다. 신칸센 비용이 상당히 비싸기 때문이다. 도쿄에서 오사카로 가는 신칸센은 편도로 15,000엔 정도이다. 한화로 환산하면 14만 원가량이다. 신칸센을 타고 3시간 걸리는 거리이다. 서울에서 부산으로 가는 KTX 비용이 편도 6만 원 정도이니까 2배 정도 비싼 수준이다.

신칸센은 표가 2장이 필요하다. 일반 승차권에다가 더해서 특급권이라고 하는 신칸센을 타는 별도 티켓이 있어야 한다. 그리고 좌석은 '자유석'과 '지정석' 그리고 '그린석'으로 나눠서 선택할 수 있다. '자유석'은 정해진 자리가 없는 경우이다. '자유석'으로 돼 있는 소량의 자리에 먼저 앉아야 한다. 아니면 서서 가야 한다. 지정석은 말 그대로 지정된 자리가 있는 티켓이다. 대부분이 지정석으로 신칸센을 탄다. '그린석'은 특별석 개념이다. 좀 더 넓은 좌석이다. 그만큼 더 비싸다. 일본 신칸센은 취학 전 아동은 무료로 탈 수 있다. 초등학생은 성인의 반값이다.

나의 경우 가능한 한 다양한 방식의 교통수단을 활용해 보자는 생각도 있었다. 고속버스도 타보고, 수상버스도 타보았다. 효율성을 떠나서 불편하더라도 때로는 다양한 경험을 해보는 것도 의미 있는 일이라고 생각했기 때문이다. 관광지에 있는 인력거는 타보지 못했다.

이동 방법의 여러 변수와 선택지가 있는 만큼 최대한 편리하게, 값싸게, 안전하게, 재미있게 갈 수 있는 방법을 확인한 다음에 결정하는 것이 좋은 방법이다. '돌다리도 두들겨보고 간다.'는 마음으로 사전 준비가 필요하다. 오가는 데 길을 찾다가 지쳐버리면 여행의 즐거움이 반감된다. 특히 아이들은 더 그렇다.

15. 엔화 환전과 신용카드 쓰기

 일본에서 살아가기 위해서 필요한 것이 엔화(円貨)이다.
최근에는 엔저(円低)가 계속되면서 이전에 100엔이 한화로
1,100원하던 환율이 지금은 100엔에 960원가량으로 낮아
졌다. 뉴스를 보면 엔저 현상은 당분간 계속될 것이라는 전
망이 앞서는 듯하다. 그래도 한화를 엔화로 환전하면 내 손
에 쥐어지는 지폐의 두께가 확 줄어드는 것은 여전하다. 은
행 수수료도 내야 하는 등 손해가 이만저만 아니다.

일본에서는 엔화 현금이 있어야 한다. 특히 여전히 일부 관광지 음식점이나 체험관, 슈퍼마켓 등에서는 현금만을 받는 경우가 있다. 10년 전과 비교하면 크게 줄어들었다고 한다. 하지만 여전히 있다. 현금만을 받는 슈퍼마켓이나 음식점 등의 경우 "현금만 쓸 수 있습니다.(現金のみ使えます。)"라는 문구가 붙어 있을 것이다. 미리 유심히 살펴보면서 대응하는 것이 좋다. 현지 사정이 이렇기에 현금을 조금 여유 있게 준비하는 것을 추천한다.

한국 돈을 엔화로 환전하는데 조금이라도 수수료를 적게 낼 수 있도록 자신의 주거래 은행에서 주는 환전 혜택이 무엇인지 꼼꼼히 확인할 필요가 있다. 그 가운데 수수료가 가장 낮은 은행을 선택해서 환전하는 것을 추천한다. 나의 경우 겨울방학 40일 동안 지내는 것이기에 환전에 신중했다. 얼마나 필요한지가 확실하지 않았기 때문이기도 하다. 그래서 일주일을 어떻게 살아갈지를 머릿속으로 시뮬레이션을 해보면서 대략적인 비용을 가늠해서 환전했다.

또 일본에서 사용할 수 있는 신용카드를 준비해 두는 것도 대비책이다. 나는 한국에서 '글로벌 카드(신한은행)'를 만들어서 일정 엔화를 입금해 사용했다. 일반 신용카드를 직접 쓰는 것보다 수수료가 저렴하고, 간편하기 때문이다. 게다가 미리 엔화를 입금해서 마음 편히 준비해서 사용할 수 있다는 장점이 있었다.

현금은 여유 있게!
신용카드 비상 상황에서 적절히!

게다가 신용카드를 써야만 하는 상황들이 있다. 도쿄디즈니랜드 입장권을 좀 더 편리하게 구입하거나 일부 온라인 결제의 경우 할인 혜택을 주는 장소, 사전 온라인 예약 결제가 필요한 박물관의 경우 신용카드가 필요했다.

도쿄의 생활물가가 너무 비싸면 어쩌지 하는 걱정을 했다. 하지만 실제 도쿄에 와보니 생각보다 크게 높지는 않다고 느껴졌다. 한국의 물가는 그동안 급격히 오른 반면, 도쿄의 물가는 상승폭이 적었다고 했다. 스타벅스 커피 값의 경우 예전부터 한국보다 일본의 가격이 저렴하기도 했다.

식당 음식 값의 경우도 한국과의 환율 차이를 감안해보면 터무니없이 비싸지는 않다고 느껴졌다. 비교적 저렴하면서도 맛있는 식당에 가면 오므라이스나 함박스테이크, 스파게티 등 대중 음식 가격이 14,000원정도 수준이었다. 스테이크의 경우 25,000원 정도였다.

이 때문에 적절히 지출한다면 생활비가 한국에 있는 것보다 월등히 높아지지 않을 수 있다고 여겨졌다. 일본에서의 지출 내역은 엑셀에 기록하면서 비용을 확인했다. 일일이 영수증을 모아서 가계부를 쓰지는 않았지만 엑셀 파일에 그날 있었던 일과 체험 행사, 여행지 등을 쓰면서 다른 엑셀 시트에 지출한 금액을 간단하게 기록해 합산해 나갔다.

현금을 얼마나 썼고 얼마나 남아 있는지, 신용카드로 얼마나 소비했는지를 확인하는 과정에서 막연한 경제적 부담감도 줄일 수 있었다.

16. 휴대폰 사용은 어떻게?

　　일본에 40일 동안 있으면서 일본 휴대폰을 개통할 필요를 느끼지 못했다. 일본 현지 휴대폰을 개통하기 위해서는 상당한 서류 준비가 있어야 어려운 문턱을 넘을 수 있다고 전해 들었다. 그래서 통신사 로밍 서비스를 이용했다. 1달 이후에는 자동 연장되는 상품이다. 1달 16,000원 가량의 기본요금에 로밍 요금제 비용 39,000원 정도를 내야 했다. 총 54,000원 가량이다.

　　이 요금제에서는 4기가(G) 데이터를 기본으로 제공했다. 4기가(G)의 용량을 다 사용해도 아주 느린 속도의 무제한

데이터가 제공됐다. 이 요금제로는 한국과 통화는 거의 무료였다. 또 일본 내 통화도 무료였다. 다만 문자메시지는 건당 165원가량을 내야했다. 내가 계약한 통신회사 외에도 비슷한 로밍 서비스 상품을 운영하고 있다고 들었다. 다소의 차이는 있지만 이용하기 크게 불편하지 않다.

나는 로밍서비스 요금제를 쓰면서 휴대폰 요금은 크게 신경 쓰지 않았다. 데이터 용량도 신경 쓰지 않았다. 와이파이(WiFi) 환경에서 주로 휴대폰을 사용했기 때문에 데이터가 크게 부족하다고 느껴지지 않았다. 물론 나는 휴대전화로 게임을 한다거나 동영상 서비스를 이용하지는 않았다. 거리에서 지도 앱(app)을 쓰는 것으로는 데이터 소모가 크지 않았다.

반면 로밍서비스 가입의 단점도 있었다. 일본 내 일부 인터넷 전화의 경우 걸리지 않았다. 급한 용무가 생겼을 때 전화 연결이 되지 않아 답답하기도 했다. 그래서 공중전화를 사용한 경험도 한번 있기도 하다. 하지만 일본 내 인터넷 전화에 전화를 걸 일이 많지 않아 다행이다. 관광지의 경우 대부분 통화가 가능했고, 음식점 예약 등의 경우에는 만약 전화가 안 될 경우 인스타그램 DM을 보내도 예약이 됐다.

집에 설치돼 있는 LAN을 활용해 노트북에 케이블로 직접 연결할 수 있다. 하지만 휴대전화, 태블릿 PC 등의 인터넷 사용을 위해서는 와이파이 설치는 필수적이다. 그래서 한국에서 일본에 갈 때 15,000원대의 값싼 와이파이(WiFi) 단말기를 구입해서 갔다. 한국 제품이라고 해서 일본에서 못 쓰지 않는다. 오히려 일본에서 파는 제품보다 디자인도 작고, 값도 싸고, 성능도 좋다. 설치는 아주 간단하다. 그냥 LAN선으로 연결만 해주면 된다. 나는 집에 있는 길이가 긴 LAN 연결선도 하나 더 챙겨 가서 유용하게 사용했다. 이처럼 와이파이 환경이 갖춰지면서 아이들이 각자 학습을 진행할 수 있었다.

와이파이(WiFi) 환경 구축해서
원격 학습 효율 높이기

다만 도쿄 집에 들어가 보니 근거리 무선망 상황에서 카카오톡은 잘 되는데 '카카오톡 음성 통화'와 '페이스톡'이 안됐다. 왜 안 되는 지는 지금도 잘 모르겠다. SKT 서비스 센터에 문의해도 이유는 알지 못한다는 대답뿐이었다. 내가 찾아낸 해결 방법은 와이파이를 잡지 않고 데이터를 사용해서 카카오톡으로 페이스톡을 하면 전혀 문제없이 가능하다는 것이다. 모바일 데이터를 활성화시키면 카카오톡에서 음성 통화나 페이스톡은 아주 잘됐다.

하지만 이 방법은 며칠 사용하지 않았다. 라인(LINE) 어플을 사용해 한국에 계시는 부모님과 무료 영상 통화를 했기 때문이다. 라인 계정만 만들면 전혀 문제없이 와이파이 상황에서도 한국과 영상통화를 할 수 있다. 화질도 나쁘지 않았다. 라인을 휴대폰과 노트북에 모두 설치해두면 더욱 편리하게 이용할 수 있다.

17. 일본 레스토랑 즐기기

    일본에는 다양한 요리가 있다. 야키니쿠(焼き肉)나 덮밥, 스시, 초밥, 라멘, 소바 등 일본 대표 음식들이 풍부하다. 섬 나라인 만큼 해산물도 신선하고 저렴하다. 동네 마트에만 가더라도 당일 잡은 생선으로 만든 초밥을 도시락으로 해서 판매하고 있다. 또 동네 곳곳에 있는 도시락 판매점에서도 신선한 요리를 테이크아웃(take-out)으로 즐길 수 있다. 또 스파게티와 파스타, 피자 등 이탈리안 음식과 각종 케이크

등 후식도 일상생활에 보편화돼 있다는 느낌을 받는다.

그런데 아이들이 느끼기에 일본 음식은 대체로 간이 세다고 평가했다. 짜거나 후추 등 향신료의 맛이 강하다는 의견이었다. 그런데 아이들은 짠 음식을 좋아하지 않았다. 그래서 일본 라멘을 그다지 좋아하지 않았다. 일본 라멘의 깊은 맛은 좋았지만 간이 센 곳이 많았기 때문이다.

그렇다고 매번 음식을 집에서 해먹기도 어려운 일이었다. 일본 식료품 마트에서도 한국 김치와 구운 김, 한국 인스턴트 라면 등을 팔고 있다. 일본 한우(和牛, 와규)의 질도 좋았다. 하지만 좁은 부엌과 한국에서 주로 사용하는 조미료 등이 부족한 게 현실이었다. 그래서 일본에 다양한 체인점으로 분포돼 있는 패밀리 레스토랑과 한국 메뉴를 파는 식당을 이용했다.

다양한 곳을 방문하며 경험하기
도전, 도전, 도전!

한국도 비슷하지만 일본 패밀리 레스토랑은 가격도 저렴하고 식당 공간도 아늑하다. 특히 메뉴가 다양해서 좋다.

대표적인 패밀리 레스토랑이 '사이제리야(saizeriya)'와 '가스토(GUSTO)'이다. 야키니쿠(焼き肉)로는 '죠죠엔(叙々苑)'을 들 수 있다. 체인점인 '한국관(韓國館)' 등 여러 한국 식당도 찾아보면 많이 있다.

특히 사이제리야와 가스토를 자주 이용했다. 사이제리야는 이탈리안 레스토랑이다. 피자와 파스타, 스파게티, 스테이크 등을 판매한다. 가격이 저렴하다. 품질이 고급이라고 할 수는 없지만 맛은 좋다. 일본 가족들도 많이 오고, 청소년들도 친구들과 이야기하며 스파게티 등을 먹으러 오는 국민적 패밀리 레스토랑이다. 드링크 바(drink bar)가 있다.

가스토는 일본식 메뉴를 풍부히 가지고 있다. 개인적으로 느끼기에 사이제리야보다 가격대는 조금 높지만 그리 비싸지 않았다. 카레와 함박 스테이크, 일본식 찌개(나베요리), 카라아게(닭튀김 요리), 샐러드, 치즈 케이크 등을 판매한다. 이곳 역시 드링크 바가 있다. 드링크 바에는 커피도 있어서 성인들의 선호도가 높은 것 같았다. 주말 저녁 부담 없이 방문해 외식을 즐길 수 있다. 테이크아웃도 가능하다. 굳이 예약을 하지 않아도 된다.

영양 보충을 위해서 야키니쿠에 간다면 '죠죠앤'도 좋다. 일단 공간이 다른 좁디좁은 일본 야키니쿠보다 낫다. 고기의 질도 괜찮고 약간 한국식 '야키니쿠'를 지향하는 듯했다.

내가 간 매장에서는 상추도 주문할 수 있었다. 한국식당은 주로 찌개나 삼겹살, 부침개, 보쌈, 삼계탕, 돌솥비빔밥, 나물 반찬, 불고기 등 메뉴가 다양하다. 다만 맛은 한국 현지 맛과 다를 수 있다.

일본식 야키니쿠는 개인적으로 아이들 위주인 상황에서는 별로 추천하고 싶지 않다. 우리 아이들의 경우 일본식 야키니쿠를 좋아하지 않았다. 상추 등 쌈도 없고 향신료의 맛이 강하기 때문이다. 어른은 맥주와 같이 먹으면 되지만 아이들과 함께 맛있게 먹기에는 좀 부족했다.

다만 '츠케 소바(소스에 면을 찍어서 먹는 메밀국수)'는 아이들이 참 좋아했다. 먹는 방법의 신선함과 면발의 쫄깃함이 좋다고 말했다. 우동과 카레는 모두 좋아했다.

다양한 시도로 자신감 얻기

배달 음식도 이용했다. 우버 이츠(Uber Eats) 앱을 사용하면 다양한 메뉴를 배달해서 이용할 수 있다. 휴대폰에 우버 이츠 앱을 설치하면 이용이 간편하게 진행된다. 우리는 배달 수수료가 많이 든다는 단점도 있고 해서 두 차례 이용하고 활용하지 않았다.

물론 비싼 고기집이나 호텔 레스토랑은 다른 차원의 선택지라고 생각했으면 좋겠다. 높은 가격을 떠나서 분위기를 즐기고 멋진 서비스를 기대하는 곳이기 때문이다. 패밀리 레스토랑만 다닐 수는 없다. 다소 가격대가 높더라도 멋진 호텔 레스토랑이나 최근 핫(hot)한 식당에서 수준 높은 서빙을 받으며 멋진 음식을 먹는 호사도 가끔 있어야 한다. 아이들도 어른 못지않게 맛을 즐기기도 하지만 분위기도 즐길 줄 안다.

18. 알뜰살뜰 절약하기

　　어렵게 해외에 나가서 방학을 보내는 시간이다. 여행사나 유학원을 끼고 해외에 단기 어학연수를 가는 것이 아니라 가족이 직접 알아보고 같이 생활하면서 공부도 하고 여행도 하는 상황이기에 절약은 기본이다. 특히 집을 구하고 최소한의 세간살이를 장만해야 하는 상황에서 절약하지 않으면 마음의 여유가 줄어들기 때문이다.

절약하는 방법은 쓸 때는 확실히 쓰고, 쓰지 않아도 될 때에는 쓰지 않는 것이다. 돈 쓸 곳과 쓰지 않을 곳을 구분하면 된다. 이 구분의 기준은 방학을 도쿄에서 보내는 목적과 견줘보면 알 수 있다. 무엇이 진정 필요한 것인지를 항상 염두에 두고 있어야 했다.

아이들의 체험과 학습을 위해서라면 교통비나 선물비용 등을 아껴서는 안 된다. 생각보다 조금 더 여유롭게 지출해야 한다는 마음을 가져야 한다. 반면 귀국했을 때 사용할 물건 구입이나 한국 지인 선물, 화장품 등은 지출을 줄여야 한다. 해외 쇼핑을 위해 일본에 온 것이 아니기 때문이다.

특히 교통비 부분이 가장 크게 다가왔다. 도보 이동, 즉 걸어가는 것이 가장 절약하는 방법이었다. 하지만 20분 거리를 걸어서 가는 것보다 택시를 타고 가는 것이 좋다고 판단했다. 지하철을 2번 갈아타는 것보다 한번 타고 가서 최대한 가까운 거리에서 택시를 타고 목적지 바로 앞까지 편안하게 가는 것이 낫다고 결정했다. 박물관에 가서도 다소 비싸 보이는 체험비용도 지출하는 것이 오히려 경제적인 선택이라고 생각했다. 다시 할 수 없는 체험일 수 있기에 기회를 잡는 것이 좋다고 느껴졌기 때문이다.

적당한 절약과
적극적인 투자의 조화를 이루자!

편리하고 저렴한 패스트 푸드점에서 햄버거를 사 먹는 대신에 비교적 저렴한 일본 소바집이나 돈가스로 유명한 곳에 가서 먹는 것이 낫다고 생각하며 지출 여부를 판단했다. 대신 마트에서 장을 볼 때 절약하려고 했다. 쓸데없는 간식은 최소화했다. 내가 선호하는 술이나 탄산수, 달콤한 음료, 군것질, 냉동식품 등은 줄였다. 풍부한 에너지를 얻을 수 있는 고기와 생선, 새우, 두부, 낫토(納豆), 계란, 채소, 빵, 우유 등을 중심으로 구입했다. 신선한 초밥도 마트에서 사다가 먹기도 했다.

일본은 과일이 비쌌다. 특히 샤인머스켓 품종의 포도나 딸기, 귤 등 맛있는 과일 가격이 저렴하지 않았다. 과일을 좋아하는 아이들을 위해서 제철이라서 조금 저렴해진 과일 중심으로 구입했다. 비싼 만큼 맛도 좋았다. 과일의 이름을 가지고 일본어를 공부하는 것도 우리 가족의 큰 재미였다. 아이들은 먹는 것의 이름은 잘 기억해서 나중에는 스스로 일본어 이름으로 과일이나 먹거리 등을 사달라고 요청하기도 했다.

마트에서 장을 보면서 알게 된 것이 요리의 즐거움이다. 좀 더 비용을 아끼자고 시도한 요리들이 꽤 좋은 반응을 보였다. 돈을 번 것처럼 흐뭇하기도 했다. 특히 한국에서는 요리할 엄두를 내지 못하고 있던 새우 소금구이나 파스타, 카레, 함박스테이크 등도 직접 해 볼 수 있어서 재미있었다. 앞으로도 요리를 계속해서 해보고 싶다는 생각이 들 정도였다.

19. 일본인 · 외국인과 만나기

　　도쿄에 있으면서 아이들이 다양한 외국인들을 만났으면
했다. 도쿄에 오래 살고 있는 한국인들도 좋고, 일본인도,
일본인이 아닌 다른 나라 국적의 외국인도 좋았다. 아이들
이 가능한 다양한 외국 사람들을 만나면서 도쿄에서 방학생
활을 보내는 의미를 높이고 싶었다. 외국인과의 만남을 통
해서 아이들의 사고 영역의 폭을 넓히며 글로벌 감각을 익
히고, 외국어(일어, 영어)를 사용하는 것이 자연스러운 일이
고, 외국어 학습이 중요한 것이라는 의식을 가졌으면 했다.

　　그랬기에 도쿄에 오기 전에 일본에 사는 지인들이 있는

지 확인해 보았다. 직접 아는 사람들이 없으면 친한 친구의 지인이 있는지, 회사에서 파견나간 사람들이 있는지, 먼 친척이지만 도쿄에 거주하는 분이 없는 지 수소문해봤다. 다행히 대학교 후배 한 명이 도쿄에서 산다는 소식을 들을 수 있었다. 또 회사와 관련해서 직장 동료의 친구 한분이 도쿄에 있다고 들었다. 그래서 도쿄에 가기 전에 이메일과 인스타그램 DM으로 인사를 했다. 그리고 도쿄에 가게 된다면 한번 같이 만나자는 약속을 했다. 왠지 마음이 든든했다.

실제로 도쿄에서 후배를 만났다. 가족끼리 만나니 이런저런 이야기도 할 수 있고, 아이들은 일본어 대신 영어로 떠듬떠듬 서로 이야기하며 공원을 뛰어노는 친구가 됐다. 2차례 더 만나 즐거운 시간을 보낼 수 있었다. 그러면서 다양한 정보도 알게 되고, 일본 문화 등 낯선 점에 대한 이해도 구할 수 있었다. 아이들은 그만큼 일본에 친숙함을 느낄 수 있었다고 생각된다.

또 다양한 사이트에서 참여할 수 있는 체험 활동을 검색했다. 예를 들어 내가 거주하고 있는 집 근처 공공도서관에서 하는 체험교실이나 아이들 대상 국제 교류 행사 등을 알아봐서 가능한 참여하도록 했다. 일본은 마을 자치회의 활동이 활발하다. 마을자치회에서 개최하는 작은 마을 행사에 참여하려고 했다. 마을 행사는 골목골목에 세워진 마을 안내 게시판에 행사 일정과 시간, 행사내용 등이 자세히 올라오기에 거리를 오가며 휴대폰으로 사진을 찍어서 집에서 꼼꼼히 읽어보면 됐다. 내가 지역의 주민이 아니어서 낯선 느낌이 들겠지만 아이들의 체험을 위해서 좀 더 적극적인 행동을 취하는 것이 이득이라고 생각하며 참여했다.

그래서 2월초에 열린 절분(節分) 행사에 참여 할 수 있었다. 입춘 전날인 절분에는 콩을 던지며 "귀신은 밖으로 복은 안으로(鬼は外、副は內。)"라고 외치며 한해의 복을 기원하는 일본 전통행사를 진행한다. 이 행사에 참여한 아이들은 너무도 즐거워했다. 나 역시 만족스러웠다. 이 행사를 통해서 마을 자치회의 어르신들과 이야기할 수 있는 기회가 됐다. 아이들은 이번에는 떠듬떠듬 일본어로 자기 이름을 말하며 인사를 했다. 아주 짧은 만남이지만 나름의 수확을 얻을 수 있었다고 생각한다.

번거롭더라도 다양한 체험과
만남의 기회를 만들자!

40일 도쿄 생활에서 깊은 만남을 만드는 일이 쉽지 않다. 그래서 짧은 만남이지만 간단한 일본어나 영어를 사용해보고, 영어를 사용해 음식 주문도 해보고, 슈퍼마켓에 가

보기도 하며 다양한 만남의 기회를 가질 수 있었다.

특히 교토에 여행을 가서 만난 택시 기사 분이 기억에 남는다. 그 분은 외국에서 학교를 다니며 생활하다가 교토에 사시는 아버지 건강이 나빠져 고향에 돌아온 택시 기사 분이었다. 나와는 일본어로 이야기를 하다가 나중에는 아이들과 능수능란한 영어로 대화를 리드하셨다. 우리 가족에게 한국어로 된 교토 관광지도를 주시고 했다. 그리고 목적지인 '기요미즈데라(清水寺, 청수사)'까지 가는 길 내내 교토에 대한 여러 재밌는 이야기를 해주었다. 아이들이 참으로 좋아했다.

그리고 다음 날 교토수족관을 가려고 택시를 탔는데 그 택시 기사 분이었다. 서로 놀랐다. 그리고 서로 반가워했다. 이번에는 아이들과 영어로 또는 쉬운 일본어로 대화하면서 목적지까지 갔다. 참으로 인연이고 기분 좋은 만남이었다.

이 외에도 작지만 소중한 만남은 많다. 우리가 선택한 집의 아래층에 독일인 부부가 살고 있었다. 그 분들은 인근 대학교에서 근무하는 교환 연구원이었다. 덩치가 큰 독일부부는 아침저녁으로 계단에서 가끔 만나면 나긋나긋한 일본어로 인사를 해주었다. 그리고는 나중에는 서로 음식도 나누며 영어로 대화했다. 아이들도 참으로 좋아했다.

아이들은 영어를 잘 하지 못하지만 그래도 떠듬떠듬 의사소통하는 것을 즐거워했고, 도쿄에서 독일인과 만나서 이야기하는 것을 신기해했다. 나는 통일에 관심을 가지고 독일의 통일에 대해서 이야기하거나, 한국의 분단 상황에 대해서도 서로 의견을 말하기도 했다. 좋은 경험이었다.

예상 외로 다양한 문화적 배경을 가진 외국인들과 만날 수 있어서 유익한 시간이 될 수 있었다. 특히 그러한 다양한 만남을 경험할 수 있도록 다양한 시도를 하는 것이 중요하다고 느껴졌다.

● 3부 ●

일본여행과 학습, 기록

「구석구석 여행하고,
알차게 공부하고,
기록하는 법」

20. 집 공부 환경 만들기

　　겨울 방학기간 도쿄에서 지내는 것은 그냥 노는 시간이 아니다. 일본 관광을 하는 여행하는 시간도 아니다. 이제 초등학교 5학년에 올라가는 첫째 아이와 유치원을 졸업하고 초등학교 1학년이 되는 둘째 아이의 체험 학습을 위한 시간이다. 그 중에서도 집에 있는 시간에는 학습에 최대한 집중했으면 했다.

　　그래서 도쿄 집의 공부 환경을 만들어야 했다. 한국에서 방학동안 여러 학원에 다니면서 공부하는 또래 아이들과 비교하는 것은 아니지만, 다가올 새 학년을 준비하기 위한 학습을 게을리 할 수는 없었다. 아이들이 좀 더 집중해주기를 바라는 마음뿐이었다. 그래서 집중할 수 있는 환경이 필요했다.

첫째 아이는 영어 공부를 화상 과외 수업으로 진행했다. 국제학교에서 강의한 경력이 있는 영어 강사 선생님이 하시는 그룹 과외를 시작했다. 영어로만 진행되는 주2회 수업을 통해서 회화와 독해 공부를 했다. 화상 영어는 필리핀 선생님과 주2회에 걸쳐서 프리 토킹을 했다. 국어와 한국사, 수학은 학습지 단말기와 문제집을 통해서 공부했다. 단말기와 교재만을 통한 학습은 아이가 집중하기에 어려움을 겪는 것 같았지만 꾸준히 이어나갔다. 한자 공부는 한자 학습지를 꾸준히 풀어가면서 공부했다. 한자와 일본어 학습은 내가 선생님이 돼 함께 학습을 이어갔다.

TV는 필요 없어!
휴대폰은 최대한 만지지 않기

이제 초등학교 1학년에 올라가는 둘째 아이 공부는 한글과 영어 공부에 초점을 맞췄다. 한글 공부 교재를 사가지고 왔기에 교재를 통해서 맞춤법 익히기와 쓰기, 읽기 공부를 했다. 또 연산은 더하기와 빼기 정도를 배웠다. 게임하는 방식으로 내가 더하기와 빼기 문제를 연습장에 써주면 아이가 풀고, 다시 내가 채점해주었다. 영어 공부는 인터넷 유료 영어 학습 사이트를 활용했다.

태블릿 PC를 활용해 '영어 수업'을 듣고 익혀 나갔다. 물론 놀이식 수업이다. 노래도 부르고, 게임으로 단어도 익히는 방법이다. 또 알파벳 발음을 알려주는 학습 사이트에서 알파벳 발음법을 노래로 배웠다. 놀이이기에 둘째 아이도 잘 따라줬다. 도쿄에 있는 만큼 일본어에도 많은 관심을 가졌다.

이러한 학습 방법을 기본으로 했다. 장거리 여행을 가더라도 무겁지만 노트북과 수학 문제지 등을 가지고 다니며 정해진 학습량을 해나갔다. 학습 없이는 여행도 없다는 인식을 심어주도록 노력했다. 만약 하루 학습량을 모두 채우면 포인트를 줘서 나중에 자신이 희망하는 선물을 사는데 금전적 지원을 해준다는 당근책도 같이 활용했다.

아빠 입장이기에 이런 방식의 학습을 이어가는 내내 불안감도 함께 있었다. 과연 잘 하고 있는 것인지, 시간 낭비를 하는 것은 아닌지 하는 혼란이었다. 하지만 비교적 아이들이 좁은 방 안에서도 집중하는 모습을 보여줬다. 한국 집에서보다 더 잘 집중해줬다. 이처럼 집중할 수 있는 이유는 다름 아닌 TV와 휴대폰이 없기 때문이기도 했다고 생각된다.

도쿄 집에는 TV가 없다. TV를 볼 이유가 없었다. 아이들은 일본어로만 나오는 TV를 봐도 이해하지 못했지만 아이들은 소리로만 TV를 보는 것이 아니기에 아이들 학습을 위해 TV를 아예 준비하지 않았다. 비용도 비용이지만 의미가 없다고 생각했다.

나 역시 TV를 볼 필요가 거의 없었다. 아이들이 잠든 시간에 휴대폰이나 인터넷을 확인하면 됐다. 난 아이들이 집에서 공부할 시간에 식료품 슈퍼마켓에 가서 재빨리 장을 보고 온다던지, 세탁한 옷을 정리하고, 요리를 했다. 집이 좁은 관계로 아주 조용히 살림을 해야 했지만 뒤돌아보면 재밌고 소중한 시간이었다.

TV만 없는 것이 아니었다. 첫째 아이도 자신의 휴대폰을 사용하지 않았다. 첫째 아이의 휴대폰은 구석에 충전 없이 놓여 있었다. 나 역시 휴대폰 사용을 아이들 앞에서 최대한 자제했다. 아이들은 남는 시간이 생기면 태블릿으로 한국 책을 읽거나 가끔 넷플릭스로 애니메이션 영화를 보았다. 첫째 아이는 책 읽는 것을 아주 좋아한다. 한국에서 가져온 몇 권 안 되는 역사책을 반복해서 읽었다. 휴대폰은 사진기의 역할이 가장 많았다.

둘째 아이는 일본 문구점에서 산 색연필과 색종이로 놀았다. 그림을 그리고 비행기를 접으면서 집 안에서는 놀았다. 또 답답해 할 때는 나와 카드게임 하거나 체스를 두었다. 겨울 방학을 마친 뒤 아이들은 게임 고수가 돼 있었다. 아이들과 여러 게임을 틈틈이 하면서 승부에 대한 저마다의 성향을 알 수 있었다. 그리고 아마도 아빠인 나의 성향도 아이들이 느꼈을 것이다. 되도록 좋은 느낌을 주고 싶다는 생각으로 차분한 모습을 보여주려고 했다.

공원과 상점가, 영화관 등 다양한 곳에서 체험해 보자

집 옆에 있는 작은 공원에 가서 줄넘기를 하거나 술래잡기, '무궁화 꽃이 피었습니다.' 등의 놀이를 했다. 긴 줄넘기를 가지고 갔기에 '꼬마야! 꼬마야!'를 하면서 일본 아이들의 부러움을 사기도 했다. 가끔 같은 놀이터에 있는 일본 아이들이 말을 걸면서 함께 놀고 싶어 하는 모습도 보였다. 일본 아이들은, 주로 5살 이하의 아이들은 흙 놀이를 많이 하는 것처럼 보였다.

가끔 전혀 집중이 안 되는 날에는 도서관에 가서 영어 동화책을 읽었다. 집 근처에 공공도서관이 있다는 것은 참으로 좋았다. 영어 동화책을 읽으면서 언어도 배우고, 상상력의 힘도 키울 수 있다고 느껴졌다.

21. 일본 전통 배우기

일본 여행을 하고, 생활을 하면서 자연스럽게 배워가는 것이 바로 일본의 문화적 전통이다. 일본의 종교를 대표하는 신사와 절, 좀처럼 볼 수 없는 교회 십자가, 도심 곳곳에 있는 나무 묘비들, '레트로' 감성의 아이돌 문화 등등.

일본이라는 나라의 오랜 세월이 빚어낸 문화를 이해하는 것은 금세 가능한 일이 아니지만 일본 특유의 독특한 문화를 직접 체험하면서 일본의 전통을 배우게 됐다. 아이들은 낯설고 또는 한국과 유사한 문화를 가진 일본을 느끼면서 다양한 경험을 할 수 있었다.

특히 첫째 아이는 학교에서 배운 일제강점기 시절과 우리 선조의 독립운동, 일본정부의 역사 인식에 대해 이야기하면서 일본에 대해 부정적인 말을 한 적이 있다. 메이지신궁(明治神宮)에 갔을 때 메이지 왕을 신으로 모시는 곳이라는 것과 메이지 왕이 우리나라 일제 식민지 시대 당시의 일본 천황이었다고 이야기해주자 퉁명스러운 모습을 보이기도 했다.

일본 전통문화를 접하며,
글로벌 감각의 싹을 틔우자

그래서 나는 첫째 아이에게 이렇게 설명했다. 일본이라는 나라가 우리나라에 큰 피해를 주고 식민지로 삼고, 독립을 방해했지만 그런 과거를 우리가 잘 알고 더 발전하기 위해서 현재의 일본을 이해하고, 일본의 단점과 장점을 참고해나가는 자세 역시 중요하다고 이야기했다.

그런 의미에서 많은 한국 관광객들이 유명 신사의 풍경

을 감상하고, 인기 영화의 배경이 된 도시를 찾아가 사진을 찍고 주변을 관광하는 것 아닌가 생각한다. 또 많은 한국 청년들이 일본 대학이나 대학원에서 열심히 학업을 이어가고 있기도 하다. 일본을 마냥 좋아해서가 아니라 궁극적으로는 자신과 조국의 발전을 위한 노력들이라고 생각된다.

그런 비슷한 맥락에서처럼 한류에 관심을 가지고 있는 일본인들이 한국 문화, 특히 K-POP과 K드라마에 큰 호기심을 가지고 있는 것도 사실이다. 한국 가수의 헤어스타일과 패션을 따라 하기도 하고, 인기를 얻었던 한국 드라마를 수입해 일본 TV 채널에서 꾸준히 방송하고 있기도 하다.

22. 외국어 단어 공부

언어 공부의 핵심은 역시 어휘이다. 외국어를 배우는 기초 단계는 단어를 읽고, 의미를 아는 것이다. 그렇게 알게 된 단어를 듣고 말하기를 반복하면서 완전히 체득할 수 있다고 생각한다.

도쿄에서 생활하면서 단어 찾기는 네이버 일어사전과 네이버 영어사전을 활용했다. 이 사전의 장점은 어떤 어휘를 찾았는지 이력이 남아 있어서 나중에 단어 노트에 정리하는 데 편리하다는 점이다. 한번 단어를 찾아봤다고 암기할 수는 없다. 찾아본, 의문을 가졌던 단어를 다시 노트에 손을 써가며 정리하고, 그렇게 정리한 노트를 수시로 되풀이 학습하는 것이 최선의 방법이라고 생각한다.

외국어 학습의 기초를 튼튼히 다지자!
할 수 있다는 마음가짐이 중요하다

도쿄라는 외국에서 자기 눈으로 직접 본 낯선 외국어 어휘를 찾아보고 공부하는 과정이 장래의 학습 의지에 큰 도움이 될 것이라고 생각한다. 그래서 나 스스로도 일본어와 영어 단어를 정리하는 모습을 아이들에게 보여주려고 노력했다. 아마도 아이들도 그런 모습이 좋아 보이고, 효과가 있는 방법이라고 느끼는 것 같았다.

그래서 첫째 아이도 영어 단어장을 만들기 시작했다. 스스로 영어 단어와 일본어 단어 찾기, 파파고 도움을 받는 방식을 배워 나갔다. 첫째 아이는 영어 과외와 화상 영어, 영어 동화책 읽기 등에서 확인한 단어를 정리해 나갔다. 물론 나의 독려와 지원도 있었다.

작은 관심사를 귀찮다며 그냥 넘기는 것은 좋지 않은 것 같다. 그런 태도가 습관이 돼서 그냥 무심히 지나치게 되면 모든 분야에서 집중력과 호기심, 궁금증이 쉽게 증발해 버릴 것 같기 때문이다. 그래서 아이들의 호기심과 질문을 허투루 넘어가지 않도록 신경 썼다. 궁금함이 해결될 수 있도록 대화하고, 설명해주고, 검색하면서 되도록 확실히 이해할 수 있도록 했다.

단어 검색도 그와 비슷한 맥락에서 대충 넘어가지 않고 차근차근 찾아보았다. 10개 단어를 대충 알기보다는 2,3개라도 제대로 알 수 있도록 아이들과 협력해 갔다. 그런 의미에서 시간이 걸리고 번거롭더라도 단어장 노트를 만드는 것은 외국어 학습에 큰 도움이 된다고 생각한다. 나도 외국어를 공부하며 단어장을 만들어 수시로 반복 학습에 활용했다. 이런 경험이 있기에 첫째아이에게도 단어장을 만드는 것을 적극 도와주었다. 그 효과가 지금 당장 나타나지는 않더라도 아이들이 중학교, 고등학교에 갈 때쯤에는 나타날 것이라는 희망을 가지고 꾸준히 노력하고 있다.

23. 지인 선물 사기

우리 가족은 선물을 많이 사지 않았다. 가능한 선물을 사는 것을 최소화했다. 나중에 귀국할 때 짐이 될 수도 있고, 돈을 절약하자는 생각도 있었다. 하지만 일본 내 지인을 만나면서 필요한 선물을 살 때는 집 근처 상점가에 있는 과자 간식 가게에서 선물을 주로 샀다. 맛을 떠나서 역사와 전통이 함께하고 있기에 선물의 의미를 어필하기에 좋았다.

어떤 지인은 도쿄로 3박4일 여행을 왔기에 아이들과 함께 만났다. 그때 준 선물이 두부로 만든 과자였다. 맛도 좋았고, 가격도 부담이 적고, 80년 가까이 된 가게에서 직접 만든 과자라고 말하니 참으로 귀한 선물로 여겨주었다.

필기구나 색연필 등을 살 때는 잡화점에 갔다. 거리가 조금 멀어도 비교적 규모가 있는 잡화점에 아이들과 함께 갔다. 어떻게 보면 여행이기도 하고 체험이기도 했다. 대표적인 잡화점이 바로 '돈키호테(ドンキホーテ)'이다. 돈키호테에는 없는 게 없을 정도로 상품이 많았다. 질이 우수한 상품부터 고급은 아니지만 그 대신 가격이 저렴해 가벼운 마음으로 구입해서 잠시 사용해도 좋을 법한 재밌는 디자인의 제품들이 많았다.

쇼핑하러 온 것이 아니다! 체험 학습에 중점을 두자

스케치북과 연필, 찜질팩, 색종이, 비누, 선크림, 피로 회복 음료, 라면, 양말, 줄넘기, 고무공, 레저시트, 우산, 빨대, 보드게임 등등이다. 아이들은 큰 돈 들이지 않고도 원하는 것을 얻어서 좋고, 돈을 내는 입장에서는 큰 부담이 없어서 좋았다. 특히 다양한 제품을 한 곳에서 살 수 있다는 점이

편리했다.

아이들이 좋아하는 레고(Lego) 스토어나 디즈니 애니메이션 캐릭터 스토어, 백화점은 놀러가서 구경하며 즐거운 시간을 보낼 수 있는 곳이다. 하지만 거의 사지 않았다. 특히 한국에서 인터넷으로 좀 더 저렴하게 살 수 있는 것은 무조건 배제했다. 아이들은 강한 유혹에 발길을 떼지 못하는 경우도 있었지만 단호하게 뿌리쳤다.

다만 일본 전통 잡화점에서만 파는 독특한 물품들은 재미있게 구경하며 구입했다. 예를 들어 끝이 가는 일본 젓가락이나 전통 장신구 같은 것들이다. 그 안에도 일본어가 있고, 영어도 있고, 문화도 들어 있기에 좋은 대화의 소재가 됐고, 체험 학습이 될 수 있다고 나름 생각했기 때문이다.

관광지에서는 물건 구입에 특히 주의했다. 아이들은 귀엽고 신기한 작은 캐릭터 인형이나 액세서리를 사길 원했다. 그래서 그런 때에는 평소 학습을 완수했을 때 얻은 포인트로 사줬다. 개수는 한정해서 사줬다. 수족관에 갔을 때, 박물관에 갔을 때, 전망대에 갔을 때, 도쿄디즈니랜드에 갔을 때, 유니버설스튜디오에 갔을 때, 먹거리 상점가에 갔을 때, 도쿄역 캐릭터 스트리트 등에서 선물을 하나씩 사주었다.

되도록 작은 소품을 사라고 유도했다. 큰 인형은 귀국할 때 짐이 되니까 자제해 줄 것을 부탁했다. 막상 선물을 사고 나서 집에 돌아오면 몇 시간 만에 존재 자체를 잊어버리기 일쑤이기도 했기 때문이다.

선물 등 물건을 사는 대신 다양한 체험활동에는 아낌없이 투자했다. 사실 도쿄 등 일본에서 하는 모든 것들이 체험활동이었다. 도쿄 오다이바에서 트램펄린(점프 놀이기구)을 즐긴 것과 시나가와 수족관에서 동물 먹이주기 체험, 소바 면 반죽 만들기 체험, 일본 전통 놀이기구 만들기 체험, 증기기관차 타기 체험 등에는 지원을 아끼지 않았다.

하다못해 회전초밥 집에서 터치식(式) 주문 단말기로 하는 주문도 아이들에게 조작하도록 했다. 그런 활동들이 기억에 남을 것이고, 아이들에게 다양한 경험을 해봤다는 맥락에서 얻을 수 있는 자신감이 생길 것이라고 여겨졌기 때문이다.

아이들도 큰 욕심 내지 않고 이런 아빠의 방식을 잘 따라주었다. 나중에는 스스로가 이 규칙에 맞게 결정하고 아빠와 기분 좋은 흥정을 하기도 했다. 그런 모습이 귀엽기도 해서 선물 1개만 사야할 것을 여러 학습 조건을 더하는 것으로 해서 2~3개씩 사주기도 했다.

이처럼 상황에 따라서 유연하게 아이들을 지원할 수 있어야 하는 것이 가족 간에는 필요하다고 생각했다.

24. 유익한 여행 즐기기

도쿄에서 살면서 여행은 어디를 가면 좋을까? 여행지의 중심은 도쿄였다. 도쿄 23구와 그 주변 도시들을 최대한 많은 다니고 느껴보고 싶다는 마음이 컸다. 물론 도쿄에서 먼 지역도 여행했다.

여행 계획을 세우면서 도쿄 여행에 관한 여행 서적을 사서 읽으면 도움이 될 것 같았다. 그래서 도쿄 여행 책을 2권이나 샀다. 하지만 허사였다. 내가 원하는 정보는 여러 장의 그림 정보뿐이다. 정작 여행 책 내용은 쇼핑몰과 커피

숍, 아이스크림 가게, 레스토랑, 일본 맛집 정보가 가득했다. 쇼핑하고 맛있는 음식을 먹는 것도 좋다. 하지만 나의 여행의 목적은 쇼핑과 맛집 탐방은 아니다. 아이들과 함께 추억 쌓기와 아이들의 성장에 도움이 될 수 있는, 생각의 범위를 넓힐 수 있는 지적 자극이다. 교육 목적의 범주 안에는 맛집과 쇼핑은 크게 중요한 부분이 아니었다.

지인의 조언은 큰 도움이 되지 못했다. 지인들이 다녀온 적 있는 곳이 우리 가족의 목표와 맞지 않는 곳이 많았다. 역시 사람은 저마다 개성이 다 다르다. 저마다 관심사가 다르고, 저마다 느끼는 방식이 다르다. 그래서 무작정 지인들이 다녀보고 좋았다는 곳을 순전히 믿고 갔다가는 낭패를 볼 수 있다. 이미 여러 환경이 바뀌었을 수도 있다. 특히 최근 코로나 확산 상황에서 많은 변화가 있었다. 또 과연 우리 가족의 목적과 잘 맞는지가 불분명하다.

도쿄 방학 생활을 선택한 이유는 아이들 체험이다. 초등학생과 예비 초등학생이 충분히 보고 감상하고, 느낄 수 있는 체험이다. 그래서 현재 우리가 확보한 돈의 범위 안에서, 일정 상 가능한 지역을 중심으로 여행지를 선택했다. 이렇게 글로 그 과정을 담으려니 간단해 보이지만 실제로는 조각조각 시간을 투자하며, 모르는 것을 배우듯이 시간을 넉넉하게 배분해야 했다.

여행이라는 시간동안 얻을 수 있는
각양각색의 경험들을 일궈내자

그래서 나의 관광지 검색은 나 스스로 해 나갔다. 체험의 장소, 배움의 장소, 만남의 장소를 중심으로 이뤄졌다. 관광지 검색 정보 내용은 대략 이렇다.

1. 여행 일정에 맞춰 미리미리 검색하고 결정하자
2. 여행지로 가는 교통편을 자세히 알아보자
3. 렌터카를 할 수 있는지 확인하자
4. 대중교통 이용과 렌터카 이용료를 비교해보자
5. 필요 물품은 무엇인지, 예약을 해야 하는지 확인하자
6. 주변에 함께 볼 수 있는 여행지는 무엇인지 찾자
7. 지역 맛집은 어디인지 메모해두자
8. 주요 상점가는 어디인지를 알아두자
9. 그때 지역 축제를 여는 곳이 있는지 검색하자
10. 할인 혜택을 얻을 수 있는 호텔이 있는지 알아두자
11. '료칸(旅館)'을 구할 수 있는지도 비교해 보자
등등

이처럼 다양한 정보가 꼬리에 꼬리를 물고 찾아내보는 것이다.

아마도 내가 선택한 여행지 외에도 더 좋은 곳, 더 재미있는 곳, 더 화려한 곳이 분명 더 많을 것이다. 하지만 이번 여행지 선택을 후회하지 않는다. 최선이었다고 생각한다. 현재의 우리 가족의 여건과 목적, 아이들의 취향 등을 고려해서 선택했기 때문이다. 완벽하기란 쉽지 않다고 생각한다.

기회는 또 얼마든지 있다. 조급해 할 필요 없다는 것이 도쿄에서 살면서 느끼게 된 삶의 진리였다. 가족 여행은 경쟁이 될 수 없다. SNS 등에 소개된 다른 이들의 여행, 친구들의 여행과 비교해서 좋은지 나쁜지를 구분하는 것은 좋지 않다. 우리의 목적에 맞게 실행하고, 그 안에서 충분히 느끼는 것이 중요하다.

25. 여행하며 기록하기

    아이들과 도쿄와 오사카, 교토 등을 다니면서 그저 보고 느끼고 즐기는 것만으로 마무리 짓기에는 너무 아쉬웠다. 금세 잊어버리기 때문이다. 새로운 체험을 할 때마다 이전의 기억은 점점 희미해지기 마련이다. 실제로 그랬다. 체험이나 관광을 하면서 사진을 많이 찍어두지만 한 개 장소에서 찍은 사진 2,30장은 다른 사진의 아래로 가면 갈수록 다시 보지 않는 과거의 사진이 돼 버렸다.

쉽게 잊어버리는 기억,
충실히 기록해 저장하자

특히 어려운 한자로 된 일본의 지명과 명칭 등은 너무
도 잘 잊혀졌다. 그래서 기록하기로 했다. 모든 것을 다 기
록할 수는 없지만 어디를 갔고, 기억에 많이 남고 느낀 점
은 무엇인지 각자 기록하기로 했다. 나는 내 나름의 감상을
더한 글을 썼다.

첫째 아이는 일기처럼 그날 어디를 갔고 어떤 일을 했
는지 간략하게 적었지만 금세 시들해지더니 이내 기록을 멈
췄다. 아직 11살 아이가 꾸준히 기록하기는 어려운 일이라
고 느꼈기에 나도 재촉하지 않았다. 둘째 아이는 여행 기록
하기에는 아직 너무 어렸다.

도쿄에서의 생활에 대한 기록을 가능한 자세히, 매일했
으면 했다. 하지만 여러 상황 상 쉽지 않았다. 나 역시 매일
하지 못했다. 나는 어쩔 수 없이 엑셀 파일에 매일 매일 무
엇을 했는지를 키워드 형식으로 적어 나갔다. 간략하지만
그래도 기록의 의미를 가지고 있다. 이 파일을 가지고 아이
들과 이야기를 하면 될 것 같았다. 지금 그 엑셀 파일을 열

어보면 그 키워드만으로도 당시에 무엇을 했고, 어떤 감정을 느꼈는지, 아이들의 반응은 어땠는지 등등을 확연히 떠올릴 수 있다. 그런 의미에서 기록은 여행이나 학습에 있어서 필수적인 요소라고 생각하고 있다.

나중에 아이들이 더 성장해서 여행을 간다면 그 때는 우편엽서를 쓰는 방식으로 기록하면 어떨까 생각 중이다. 기록을 남김으로 해서 그날의 느낌과 감상을 한번 되돌아보는 것이 큰 가치를 지니고 있음을 믿고 있다.

26. 알찬 정보 모으기

사람은 쉽게 잊어버린다. 값진 시간을 투자했는데 기억에서 사라져서 다시 찾아야 하거나 잘못된 정보로 알고 있을 때의 피해는 막심하다. 특히 낯선 일본어 지명에서 오는 거리감으로 쉽게 머릿속에 남지 않는 경우도 많았다. 그래서 나는 엑셀 파일에 정보를 차곡차곡 메모해두었다.

필요한 정보를 시간대별로, 이동 경로에 따라서 알기 쉽게 엑셀로 정리해 두는 방법이다. 마치 아직 여행을 하지는 않았지만 여행을 하고 있는 기분으로 여행 시뮬레이션을 미리 해보는 것이다. 불안감을 떨쳐버릴 수 도 있었다. 이 방법이 때로는 번거롭게 느껴지기도 했지만 실제 여행 과정에서 상당히 도움이 많이 됐다. 정리한 엑셀 파일을 스마트폰 속에 저장하거나 사진으로 찍어서 필요할 때 편하게 볼 수 있었다. 또 휴대폰 메모장에 필요한 정보를 미리 적어두면 유용하게 사용할 수 있다. 특히 명칭과 주소가 그랬다.

문화의 축약판 '축제' 정보를
미리 확인해두자

또 하나 추가할 정보가 지역 축제시기를 살펴보는 것이다. 가능하다면 지역 축제가 열리는 때에 맞춰서 방문하면 좋다. 축제는 예술과 문화, 지역 특산품, 주민과의 만남, 지역의 역사가 한데 어우러져 있는 종합 교육의 현장이기 때문이다.

하나의 축제를 통해서 얻을 수 있는 것이 많기 때문에 일정을 잘 살펴보면 좋다. 그 축제 일정도 온라인에 있는 다양한 사이트를 통해서 확인할 수 있었다. 나와 우리아이들도 축제 행사장에서 전통 춤과 노래, 전통 의상을 한꺼번에 접했을 때는 왠지 횡재한 것처럼 즐거워했다.

참고 관광 사이트 목록이다.

GOTOTOKYO : https://www.gotokyo.org/kr/index.html
국제교류협회 : http://minato-intl-assn.gr.jp/index.html
도쿄 지요다구 : https://visit-chiyoda.tokyo.com
도쿄 미나토구 : https://visit-minato-city.tokyo/ko-kr
여행지 예약사이트 :
https://www.ikyu.com, https://www.cocolocala.jp
교토 관광홍보 사이트 : https://ja.kyoto.travel
오사카 관광 사이트: https://osaka-info.jp/information
시즈오카 관광 사이트 : https://exploreshizuoka.jp/en
관서지역 교통 패스 사이트:https://kansaionepass.com

이 외에도 여행지를 선정하고, 사전 정보를 찾으면서 활용한 다양한 웹사이트가 있다. 실속 정보를 담고 있는 사이트도 있고, 그렇지 않은 사이트도 있다. 하지만 분명한 것은 유용한 정보가 많을수록 아이들도 충분히 이해하는 여행을 할 수 있다는 점이다.

27. 기억에 남는 여행 장소

기억에 남는 여행지는 너무도 많다.

국립도쿄박물관, 국립도쿄과학박물관, 성덕기념회화관, 카사이린카이 수족관, 일본과학미래관, 도쿄미래과학관, 연극박물관, 일본근대문학관, 도쿄민예관, 산토리미술관, 모리미술관, 나츠메소세키 산방기념관, 션샤인수족관, NHK방송박물관, 메이지가쿠인대학교 기념관, 만화가 하세가와마치코 기념관, 호쿠사이기념관, 도쿄국립근대미술관, 시나가와수족관, 국립서양미술관, 시부야 구립 쇼토미술관, 도쿄대학교박물관, 눈썰매 리조트, 철도박물관 등이다. 당일치기 여행이 많았지만, 요코하마와 교토 등 숙박 여행을 한 곳도 있다.

특히 도쿄의 국립이나 도립으로 운영되는 박물관이나 기념관은 건물 자체가 100년 이상인 곳이 많다. 건축 양식이 근대의 모습을 띠고 있어서 이국적이다. 그만큼 유서 깊은 역사를 가지고 있다는 의미와 일맥상통할 것이다. 1939년부터 1945년까지 이어진 제2차 세계대전, 더 나아가서 일본 사회의 전환점인 1868년 메이지유신, 일본 막부시대 등등의 일본, 아시아, 세계 역사와 밀접한 관련을 가지고 있다.

그 건축물 자체가 역사이고 문화의 상징처럼 여겨졌다. 미리 이러한 역사적 정보를 검색을 통해서 알아두면 아이들에게 여러 유용한 정보와 지식을 설명하면서 그 장소의 유익함을 배우기 쉽다.

<도쿄 우에노공원 주변>

실제 도쿄 우에노공원이 대표적이다. 도쿄 우에노 공원 주변에는 다양한 박물관과 미술관, 동물원이 밀집해 있다. 국립도쿄박물관과 도쿄미래과학관, 우에노동물원, 국립서양

미술관 등이 우에노공원을 중심으로 맞붙어있다. 우에노 공원은 역사가 상당하다. 일본의 최초의 공원으로 53만 제곱미터에 이르는 드넓은 휴식 공간이다. 150년 전인 1873년에 조성됐는데, 당시 일본 천황(天皇)이 자신의 영지를 도쿄도(東京都)에 넘기면서 공원을 만들었다고 한다.

우에노 주변 박물관을 차근차근 둘러보고, 우에노 공원 분수를 배경으로 스타벅스 우에노점(店)에서 커피를 마시는 것은 타임머신을 타고 왔다 갔다 하는 묘한 기분마저 들게 한다. 우에노 동물원도 볼거리가 가득하다. 우리 아이들은 우에노동물원에서 고릴라와 일본 원숭이, 북극곰 등을 신기하게 바라보았다.

<니가타(新潟) 고원지대>

니가타(新潟)는 눈이 참으로 많이 내리는 지역이다. 일본에서 눈(雪)하면 홋카이도(北海道)이지만 니가타도 그에 못지않다. 고원지역이 많은 니가타의 지형적 특성상 겨울에는 많은 스키장과 눈썰매장이 운영된다. 게다가 약 알칼리성인 검은색 온천도 운영하고 있다.

나와 아이들은 눈썰매를 타고 싶어서 니가타를 여행지로 삼았다. 리조트는 미리 리조트 홈페이지에서 웹으로 예약을 해두었다. 미리 하지 않으면 금세 만실이 되기에 서둘러야 한다. 우리는 신칸센을 타고 니가타로 갔다. 그리고 리조트 측에서 운영하는 셔틀버스를 50분 정도 타고 산 정상에 위치한 리조트로 갔다. 설원에서 눈썰매를 타고, 리조트에서 운영하는 실내 수영장을 이용했다. 거센 눈보라가 치는 날 노천 온천에 들어간 일은 아직도 기억이 선하다. 아이들도 니가타의 겨울 풍경을 정말로 좋아했다. 숙소와 뷔페식당의 수준도 높았다.

　　특히 리조트의 체험행사 가운데 소바(そば, 메밀국수) 반죽 만들기 체험을 했다. 지역 특산품인 질 좋은 해초를 넣어서 메밀가루로 소바 반죽을 만드는 것이다. 우리나라 칼국수 반죽하는 법과 같았다. 체험 설명이 재미있었고, 반죽을 만드는데 사용하는 일본 전통 기구도 이색적이었다. 아이들이 참 좋아했다. 그리고 소바 요리까지 해주는 섬세함이 더해져서 만족스러웠다.

<나츠메소세키 산방기념관>

도쿄에는 문학가, 미술가, 예술가 기념관도 많다. 일본 근현대 문학의 아버지로 칭송받는 소설가 나츠메소세키(夏目漱石, 1867~1916)를 기념하는 나츠메소세키 산방기념관(夏目漱石 山房記念館)이 대표적이다. 나츠메소세키는 '나는 고양이로소이다'와 '도련님', '마음' 등의 소설로 잘 알려져 있다. 첫째 아이도 세계명작 시리즈에서 '도련님'이라는 소설을 읽었던 기억이 있다고 말해주어서 더욱 반갑게 찾아갈 수 있었다. 첫째 아이는 책읽기를 좋아한다.

나츠메소세키는 지금도 많은 일본인들이 좋아하는 작가로 손꼽이고 있다. 산방기념관 안에는 나츠메소세키의 일생을 알려주는 연표와 작품, 나츠메소세키가 직접 쓰던 원고지, 집필실을 재현한 곳이 전시돼 있어 짧지만 유익한 체험을 할 수 있는 곳으로 소개하고 싶다.

이 기념관을 천천히 둘러보고 걸어서 5분 거리에 있는 와세다대학교 캠퍼스를 산책하는 것도 아주 인상적인 여행이 됐다. 특히 와세다대학교 학교 식당에서 아이들과 함께 학식을 먹을 수 있어서 뜻깊었다. 넓은 캠퍼스에서 느끼는 자유로움의 충만함과 일본 대학생들의 옷차림, 공부하는 모습, 대화하는 모습을 볼 수 있었다.

<카사이린카이 수족관과 주변 공원>

또 일본에는 수족관이 참 많다. 섬나라이기도 하지만 일본인들은 물고기에 익숙하고, 물고기를 참 좋아하는 것 같았다. 자신들이 가진 자연 자원을 세세히 연구하고, 연구한 성과들을 다양한 형태로 국민에게 알려 보호하려는 모습의 하나라고 여겨졌다.

이런 의미에서 카사이린카이(葛西臨海) 수족관은 멋진 박물관처럼 느껴졌다. 도쿄의 도심에 있는 여러 수족관과 비교해 카사이린카이 수족관은 좀 특별한 면모를 지니고 있다. 우선 위치적으로 해상인 도쿄 만(Tokyo Bay)과 아주 가까이 있다. 수족관 바로 앞에는 도쿄만을 바라볼 수 있는 해상공원이 딸려 있다. 카사이린카이 해상공원이다. 1989년 개장한 대형 공원인데 바로 인근에 도쿄디즈니리조트 위치해 있다. 이 세 가지 구성만으로도 1박 2일 여행 코스로 충분하다고 생각됐다.

카사이린카이 수족관은 다양한 물고기를 보유하고 있다.

도쿄 만에 서식하는 어종부터 해파리, 열대어, 대형 참치 무리까지 100여 종류에 이른다. 섬나라인 일본이 해상 자원을 어떻게 소중하게 인식하고 있는지를 다양한 체험코너에서 확인할 수 있는 공간이기에 아이들을 데리고 갔다. 눈앞에 펼쳐지는 다양한 물고기의 종류에 탄성이 저절로 나왔다. 특히 참치의 역동적인 모습에 아이들이 매료됐다.

이외에도 시나가와 수족관에서는 아주 가까이에서 박진감 넘치는 돌고래 쇼를 볼 수 있었다. 일본은 정말로 다양한 수족관을 운영하며 다양한 여가 생활을 할 수 있는 곳이라고 여겨졌다.

<일본 미래과학관>

'일본미래과학관'에서는 기술의 발달과 그 편리함을 직접 체험할 수 있어서 좋은 체험학습장으로 손색이 없었다. 다양한 특별 전시회도 있고, 4D 영화로 태양계의 탄생 과정을 손에 잡힐 듯 생생하게 볼 수 있었다. 이 4D 영화도 사전에 예약을 해야 한다. 특히 최근에는 환경의 의미와 환경보호의 중요성을 다양한 실험과 볼거리를 통해서 체감할 수 있었다. 인류의 미래를 위해 환경이 얼마나 중요한 지를 여

행을 통해서 깨달을 수 있다는 것은 감동적인 일이라고 느껴졌다.

또 일본미래과학관이 도쿄의 대표 관광지인 오다이바(お台場)에 위치해 있기 때문에 자유의 여신상과 거대한 건담 모형도 함께 볼 수 있다. 형형색색으로 불이 켜진 오다이바 레인보우브리지도 압권이다.

<롯본기 모리미술관(森美術館)>

모리미술관은 롯본기(Ropponggi) 힐즈에 있는 미술관이다. 다양한 고급 상점이 밀집해 있는 롯본기 빌딩 53층에 있다. 53층에서 보는 도쿄 전경도 일품이다. 모리미술관에서 하는 전시회는 이색적인 전시회가 많다. 아이들과 같이 간 전시회는 '이상한 나라의 앨리스' 특별 전시회였다. '이상한 나라의 앨리스'라는 책을 좋아하는 첫째 아이는 너무도 신기해하며 전시회를 감상했다. 둘째 아이도 도쿄디즈니랜드에서 앨리스가 퍼레이드에 나온 모습을 봤다며 반짝반짝 빛나는 눈빛으로 전시회 소품들을 바라보았다.

또 국립도쿄박물관은 아이들이 좀 화가 난 곳이다. 박물관 내부에 전시된 일본의 국보급 전시품 가운데 삼국시대 가야의 금관, 금동귀걸이, 고려시대 최충헌의 묘지 명판, 백자 등 소중한 우리나라의 유물이 전시돼 있었기 때문이다. 우리 유물이 어떤 과정을 거쳐 도쿄에 와 있는지는 정확히 알지 못하지만 본래 자리에 있지 못하는 우리의 유물을 보면서 나라의 부강함이 얼마나 중요한지를 되새길 수 있었다. 하지만 도쿄박물관의 건물은 웅장하면서도 아름다운 형태를 지니고 있다.

<일본민예관>

이와는 반대로 도쿄 시부야(渋谷)에 있는 '일본민예관'에서 한국과 일본의 우호의 모습을 볼 수 있었다. 공익재단법인으로 운영되는 일본민예관에서는 일본 민예 연구가이자 미술 평론가인 야나기 무네요시(柳宗悦, 1889~1961)가 수집한 조선 도자기 전시회가 열렸다. 야나기 무네요시는 조선에서 교사로 근무하면서 조선 도자기에 깊이 매료됐다고 쓰여 있었다.

그 이후 3.1 독립 운동을 지지하는 등 조선에 우호적이었다는 평가를 받는 예술가이다. 1984년에는 한국 정부로부터 문화훈장을 받기도 했다고 한다. 이런 이야기를 해설가로부터 듣자 첫째는 흐뭇한 표정을 지으며 조선시대에 한국을 사랑한 일본인도 있다는 것을 처음 알았다고 말했다.

<도쿄 과학기술관(Science Museum)>

과학기술관에서는 재밌는 자동차 운전 체험과 대형 비눗방울 만들기, 환경보호 체험, 지진 대비 체험 등이 가능한 곳이다. 이곳에서는 지진 발생 상황에서 어떤 행동을 해야 하고, 비상 물품으로 준비해야 할 것들을 배울 수 있는 어린이 체험시설도 있었다.

나는 아이들에게 일본과 한국의 지진 대비 차이점과 일본의 대비책 가운데 우리가 되새겨볼 점에 대해서 이야기해 주었다. 또 환경보호를 위한 노력의 가치에 대해서도 체감할 수 있던 뜻깊은 장소였다. 아이들은 체험하며 알게 된 교훈과 정보에 대해 이해하려고 노력하는 진지한 태도를 보였다.

<일본 황거(皇居)>

황거(皇居) 견학도 신청했다. 도쿄역 인근에 있는 일본 천왕의 거주지의 일부를 사전 신청한 사람들에게 견학시켜주는 행사이다. 나라 별로 통역사가 있어서 쉽게 이해할 수 있다. 황거는 규모가 아주 크고, 역사적 건물이 있어서 한번쯤은 견학 해볼 만한 곳이라고 생각됐다. 견학에 참가한 관광객들 가운데 가장 많은 국가는 영국이라고 했다. 아무래도 영국에도 국왕이 있기 때문인 것 같다고 한국어 통역사가 말해주었다. 한국인 참가자는 그리 많지 않았다.

<교토 기요미즈데라>

교토에서는 단연 '기요미즈데라'(청수사 淸水寺)가 기억에 남는다. 절이라는 종교시설이지만 일본 목조건축의 진수를 맛볼 수 있는 곳이다. 나무로 지어진 거대한 불교사찰의 모습이 주변 자연과 절묘하게 어우러진 모습이 기억에 남는다. 아이들의 감상도 비슷했다.

오랜 세월을 견뎌온 목조 건물의 견고함에 놀랐고, 많은 관광객들, 기모노(일본 전통복)를 입고 온 일본인들의 전통을 대하는 자세를 체감할 수 있었다.

우리 가족은 겨울에 갔기에 가을 단풍과 어우러진 사찰의 모습은 보지 못했지만, 겨울에도 멋진 사찰의 모습을 보며 감탄했다.

● 4부 ●

도쿄에서 친구 만들기

「도쿄에서 40일,
일본 체험으로
글로벌 감각을 싹 틔우자」

28. 도쿄에서 친구 만들기

    도쿄에서 40일 동안 지낸다고 해서 아이들이 외국인 친구를 사귈 수 있을지 의문이었다. 친구 사귀기를 목표로 정하긴 했지만 어떻게 해야 할지 막막한 것은 부정하기 어려웠다. 기간도 짧고 일본에 평소 교류하던 지인이 있는 것도 아니었다. 하지만 예상 외였다. 나름의 성과를 이뤄낼 수 있었다고 느끼고 있다.

    나의 대학교 후배가 도쿄에서 일본인 남자와 결혼해서 초등학교 1학년생인 8살 아들을 두고 생활하고 있다는 것을 알게 된 것이다. 도쿄에 나와 관계된 누군가 살고 있으면 좋겠다는 일념으로 지인과 지인의 지인 등을 통해 수소 문한 성과였다. 그래서 미리 도쿄에 가는 상황을 알렸고, 가족이 함께 도쿄에서 만날 수 있었다. 대학교 졸업 이후 10여 년만의 만남이다. 물론 어색함은 있었지만 잠깐이다. 비슷한 연령대의 아이들을 매개로 해서 자연스럽게 대화가 이어졌다.

후배 남편이 한국말을 할 줄 알아서 일본어와 한국말을 사용해 대화했다. 후배의 남편은 한국에서 근무한 적도 있다고 했다. 첫째 아이는 어색한 시간을 조금 보내더니 8살 동생과 짧은 영어로 대화하기 시작했다. 그 아이가 한국어를 전혀 하지 못했지만 영어를 배우고 있어 단어로 이야기하며 서로 함께 놀이를 시작했다. 물론 둘째 아이는 영어 단어를 아직 잘 모르기에 밝게 웃으며 '보디랭귀지'로 1살 많은 오빠와 잔디밭을 뛰어다니며, 흙을 만지며, 도토리를 찾으러 다니며 함께 놀았다. 아이들의 웃음소리가 마음을 편하게 했다.

많은 모임에 나가자
내가 먼저 다가가 친구를 만들어보자

이 만남을 통해서 2번의 만남을 더 이어갔다. 짧은 만남이었지만 아이들은 글로벌 친구 감각을 느낄 수 있었을 것이다. 이때의 기억에서 일본은 자연과 접할 수 있는 다양한 공간을 갖추고 있다는 느낌이 들었고, 참 좋다고 생각하기도 했다.

독일인 부부도 있었다. 같은 집 아래층에 사는 50대 후반의 중년 부부이다. 우리는 독일인 부부와 집으로 오가는 계단에서 우연히 만나 짧은 대화를 이어가며 친분을 쌓았다. 나중에는 서로 음식을 나누면서 영어로 대화했다. 영어를 배우고 있는 첫째 아이는 독일인 부부와의 대화를 즐기는 편이었다. 나는 외출하면서 또는 독일인 부부에게 한국 음식을 나눠주면서 아이들을 데리고 다녔다. 그 과정에서 아이에게 독일인 부부에게 궁금한 점이 있으면 물어보라고 미리 귀띔해주며 대화를 많이 하도록 유도했다.

이런 만족감은 우리의 도쿄 방학생활의 목표와도 딱 맞았다. 아이들은 외국어를 한다는 두려움과 외국인에게 자기 생각을 표현한다는 어색함이 별 것 아니라는 것을 자연스럽게 체득한 것처럼 보였다. 실제 첫째 아이는 5학년이 되면 반 대의원(예전의 반장)에 나가서 반 아이들의 대표로 일해보고 싶다는 뜻을 처음으로 나에게 피력하기도 했다. 소심하기만 했던 첫째아이의 상당한 변화였다. 실제 첫째는 대의원 선거 연설문을 직접 쓰고, 낭독 연습을 했다. 그리고 대의원에 당선되는 영광을 얻었다. 만약 떨어지면 어떻게 하나 걱정을 많이 했는데 다행이었다.

이외에도 소소하지만 친구 만들기의 성과들이 있다. 다양한 체험활동 과정에서 만난 사람들과의 좋은 느낌들이 그것이다. 이러한 작은 경험에서 느낀 감정이 나중에 아이들이 성장하면서 큰 변화를 일으킬 수 있는 자양분이 될 것이다. 선입견 없이 다양한 친구를 사귀면서 자신감과 자기 성장의 폭넓은 스펙트럼을 만들어 낼 수 있을 거라고 생각한다.

29. 일본인의 개성

    공공장소에서 조용히 지내고, 다른 사람에게 폐를 끼치지 않으려고 한다고 해도 일본의 청년들이 개성이 없다는 것은 절대 아니다. 검은색 양복 일색의 획일적인 직장인들의 모습만 생각해서는 안 된다. 내가 보고 경험하기에 일본인들은 개성이 넘친다. 그 개성이 점점 많아지고 다양화하고 있다는 느낌을 받았다.

    거리를 걷는 사람들의 옷차림이나 헤어스타일, 다양한 문화 행사, 상점마다 특색을 갖춘 상품과 디자인, 전시 방식

등을 보면 느껴진다. 다양성이 공존하는 사회이고, 그 다양성을 인정해주는 사회라고 느껴진다.

한 예로 아이들과 도쿄 하라주쿠(原宿)에 갔었다. 하라주쿠는 10대, 20대들이 주로 가는 패션의 거리이다. 다양한 옷가게와 신발가게, 패션 잡화점이 즐비하다. 이 하라주쿠 일대에 가면 화려하고 개성 넘치는 옷을 입은 소녀들을 쉽게 찾을 수 있다. 가발이지만 다양한 헤어스타일에, 상상을 뛰어넘는 키 높이 신발 등등. 한마디로 개성이 넘쳐난다.

그리고 그런 모습을 외국인 관광객들은 신기한 듯 바라보지만 내국인인 일본인들은 전혀 어색하거나 꺼려하지 않는다. 문화가 다양하고 개성이 풍부하다는 하나의 증거이다. 하라주쿠에 간 아이들은 놀라워했다. 하지만 한편으로 신기해했고, 재미있어 했다.

이와 함께 일본은 개인의 성향을 존중하는 사회이다. 일본인들은 다른 사람의 일을, 개성을, 선택을, 표현을 존중한다. 되도록 참견하지 않는다. 가족의 테두리는 다른 의미이지만 개인의 선택에 자신의 의견을 필요 없이 말하지 않는 경향이 크다. 그들의 사고와 선택을 존중하는 분위기가 있는 것은 확실하다고 여겨진다. TV 프로그램 등에서도 다양성을 주제로 하는 다큐멘터리나 드라마, 토크 프로그램을 자주 접할 수 있었다.

한편으로는 이런 타인을 간섭하지 않는 습관들은 낯선 외국인의 입장에서는 한국식의 정(情)이 없다는 의미로도 읽혀질 수도 있겠구나 하는 느낌도 받았다. 조금 냉정한 태도로 받아들여지기도 한다. 이 부분이 한국의 문화적 특성과 비교해 뚜렷한 차이점이라고 생각됐다.

　　다만 일본인들의 오랜 습성 속에 남아 있는 집단 안에서 자신의 개성이나 이견을 두드러지게 밝히는 것을 꺼리는 면은 여전히 남아 있다. 이것은 집단이라는 전제가 놓여 있을 때 발현되는 기질이라고 생각된다. 개개인의 생활 속에서, 교우 관계 속에서, 친목 관계 속에서는 다양한 개성이 점점 늘어나는 추세라고 나는 생각하게 됐다.

30. 공공도서관 이용하기

공공 도서관은 공부를 하고, 책을 읽는 곳이다. 특히 일본 공공 도서관의 실내는 청결했고, 음료 자판기도 설치돼 있었다. 조용히 공부하고 책을 읽기 최적의 장소였다. 게다가 공공 도서관에서는 아이들을 위한 다양한 행사를 많이 한다는 것을 알았다. 그래서 집 근처 공공 도서관 홈페이지를 수시로 살펴보았다. 그 덕분에 학습 이외에도 나와 아이들은 공공도서관에서 개최하는 체험행사에도 참가할 수 있었다.

참가한 체험행사 가운데 가장 기억에 남는 것은 '켄다마' 만들기 체험이다. 켄다마는 일본의 전통 놀이 가운데 하나이다. 우리나라 옛 전통놀이 가운데 아이들이 즐기는 자치기가 있다면 일본에는 켄다마가 있다. 아주 간단한 모양이다. 가운데 구멍이 뚫린 나무로 만든 둥근 공을 막대 받침대 위에 세워진 얇은 꼬챙이에 한 번에 끼우는 전통 놀이기구이다. 이 켄다마를 종이컵을 활용해 만드는 체험을 한 적이 있다. 공공 도서관에서 주최한 아이들 전통놀이 만들기 체험이다. 한국인에게는 아주 이색적이었다.

학습 자극제로 다가온
공공 도서관에서 느끼는 학구열

체험 수업을 하면서 일본인들의 손길이 얼마나 섬세하고 철두철미한지 감탄하기도 했다. 작은 색종이부터, 풀, 칼, 쓰레기 담는 박스, 신문지 등등 조금 지나치다고 느껴질 만큼 준비했다는 인상을 받았다. 어느 정도는 좀 자유롭게 해도 괜찮을 부분까지도 기준을 정해 놓았다. 물론 켄다마 만들기 체험에 참가한 두 딸들은 너무도 즐거워했다. 켄다마 만들기처럼 다양한 체험 행사를 공공 도서관에서 열고 있고, 또 간단한 사전 접수로 참가할 수 있어 아이들이 즐기기에 좋다. 참가하는데 국적이나 거주지 등은 필요하지 않았다.

일본 공공 도서관은 한 달에 1번 정도 평일에 휴관일을 갖는다. 주말이나 공휴일에는 문을 연다. 도서관에 근무하는 직원들 입장에서는 힘들 수 있겠지만 이용객 입장에서는 참으로 편리하다. 일부 공공 도서관의 경우 생긴지 100년 가까이 된 곳도 적지 않다. 그런 곳은 시설 면에서는 노후화돼 있다. 역사가 오래된 만큼 시설이 낡은 것은 어쩔 수 없는 일이다. 그래서 리모델링을 하는 곳이 속속 눈에 띄었다.

일본 도서관은 한국과 마찬가지로 홈페이지를 잘 살펴보면 얻을 것이 많다. 일본어가 서툴다고 해도 크게 염려할 것은 없다. 홈페이지에 한국어나 영어로 자동 번역 기능을 이용해도 된다. 이처럼 도서관 시설의 위치나 이용 방법을 미리 알아봐두는 것이 좋은 이유 중 하나는 조용히 공부할 수 있는 분위기가 잡혀있기 때문이기도 하다.

매일매일 도서관에서 공부하는 것은 아니지만 공부를 해야 하는 상황에서 가장 효율적인 공부 장소가 바로 도서관이다. 체험행사와 별개로 아이들과 연산 문제집을 풀기 위해서, 영어 단어를 외우기 위해서 도서관에 몇 차례 찾아가기도 했다.

부족한 한글 책,
하지만 영어책으로 흥미를 옮기자

단점은 아직 일본 공공도서관에 한국어로 된 책이 적다는 점이다. 일본 공공 도서관에 많은 한글 책이 있었으면 하는 바람이 좀 욕심처럼 느껴지기도 했다. 하지만 한국의 공공도서관에 가면 일본어 원서 책이 상당히 많이 소장돼 있는 것과 조금 비교됐다. 그래도 다행인 것은 영어로 된 책은 많았다. 영어 동화책이나 그림책, 소설책을 갖추고 있었다.

영어 공부도 하고, 책도 읽고, 일본 공공 도서관의 모습도 견학할 수 있으니까 1석 3조의 효과를 얻는 것이다. 그런 모습을 직접 보면서 학습과 공부라는 것이 특별한 일이 아니라 전 세계 어디에서나 이뤄지는 자연스러운, 누구나의 일상의 일이라는 생각을 가지게 됐다. 마치 평생학습처럼 다가왔기에 억지로 특정 시기에 강도 높은 학습을 해야 한다는 부담감을 다소 줄일 수 있었다. 학습은 꾸준히 하는 것이라는 느낌이 강하게 다가왔다. 아이들도 나와 비슷한 느낌을 가졌을 것이다.

31. 도심 속 신사·절 '수두룩'

    도쿄 도심은 멋진 옷을 입고 다니는 회사원과 아이들, 가족들의 모습이 끊이지 않는 곳이다. 그런데 이곳에 와 보고 놀란 첫 번째는 바로 도심, 평당 가격이 비싼 땅 곳곳에 있는 절과 신사들이었다. 신사는 일본 특유의 '토리이(鳥居, とりい)'라는 문을 세워놓고, 절은 무슨 무슨 '절(寺)' 이라는 이름의 간판을 달고 있다.

    멋진 아치형의 목조 지붕에 금박을 입힌 고풍스러운 건

물 모양도 많다. 하지만 곧 의문이 생긴다. 왜 이렇게 도심 곳곳에 절과 신사가 많은 건가? 내 눈에 너무도 이색적이고 의아한 부분이었다. 대부분의 도심 절과 신사에는 그 안으로 들어가면 망자를 모시는 위패가 있다. 조금 높은 건물에서 바라보면 흡사 공동묘지를 방불케 한다. 한국의 절은 주로 산속 깊은 곳에 있는 모습과 대조적이다.

도심 주택가 곳곳에 있는 '절'과 '신사'의 이색적 모습

국제교류협회에서 만난 일본인은 도쿄 도심이 발달하기 전부터 있었던 절과 신사들이 도심이 개발되면서도 그곳에 그대로 남아 있는 것이라고 말해주었다. 그리고 부모님이나 친척의 위패를 모시고 있는 절과 신사의 소중함을 인식하고 있기 때문에 도시 개발 과정에서도 절과 신사를 다른 곳으로 보내지 않고 그대로 남아 있다는 이유도 설명해 주었다.

또 다른 일본인은 도심 속 절과 신사는 주로 위패를 모시는 역할을 한다고 하며 상당한 관리비를 내야 하기 때문에 이른바 장사가 된다는 것이다. 그렇기에 높은 토지 비용을 감수하더라도 계속 영업을 할 수 있다고 설명했다. 그만

큼 도심 속 절과 신사에 위패를 모실 수 있는 가정 역시
어느 정도 재력을 가지고 있다는 반증이라고 했다.

생활 속의 다양한 신을 섬기는 일본인들의 종교적 특수
성에다 위패를 모시는 역할이 더해지면서 일본인들의 삶 속
에 전통적인 모습을 갖추고 있는 절과 신사가 아주 자연스
러운 생활의 한 부분으로 남아 있다고 여겨진다.

32. '흔들흔들' 지진 걱정

일본은 지진이 많다. 나도 도쿄에 와서 지진을 몇 번 느꼈다. 아이들도 지진을 느끼고는 불안해했다. 다행이 아주 작은 규모의 지진이었다. 한편으로는 땅이 흔들린다는 사실에 신기해하면서 연신 지진의 위험성에 대해서, 지진이 왜 일어나는지에 대해서 물어보았다.

이처럼 지진은 일본 생활의 불안 요소 가운데 하나이다. 2011년 3월 도호쿠 지방 등에서 발생한 동일본대지진에서처럼 큰 지진과 '쓰나미'가 발생하면 큰 위험에 처할 수 있다. 한국에서는 일본 후지산(富士山) 분화나 100년만의 대지진 발생 가능성에 대한 루머가 인터넷에 떠돌기도 한다. 헛소문이라고 하더라도 언제 발생할지 모를 지진에 대한 대비는 필수였다. 유통기한이 3년 이상 유지되는 생수 2~3병은 필수적으로 구비해두는 것이 좋다.

내가 생각하기에 도쿄는 다른 지역에 비해 '지진'이나 '쓰나미'에 비교적 안전하다. 기타 집중호우나 폭설 피해도 적은 곳이기도 하다. 기후가 온난한 편이다. 다만 누구나 예상하지 못한 지진의 경우에는 안심할 수 없다. 일본 도쿄에서도 수도권 직하지진(首都直下地震)에 대한 대비로 여러 훈련을 하고 있다고 했다. 도쿄 지하에 대형 방공호를 만들어서 만약의 상황에 대해 대비하고 있기도 하다.

내진 설계가 반영된 도심 건물
비상 물품은 미리 챙겨두자

일본의 상당수 건물들은 이미 오래전부터 내진 설계가 잘 돼 있다. 일본의 내진 설계가 법적으로 도입된 것은 1924년부터라고 한다. 1923년 관동(동경)대지진이 발생한 이후이다. 건축물을 지을 당시 내진 설계가 안 돼 있는 낡은 건물도 외부 보강을 대부분 마쳤다. 굵직한 철제로 기둥

을 보강한 모습에 겉모습은 흉할지 몰라도 일정 규모 이상
의 지진에도 붕괴되지 않을 정도의 내구력을 가지고 있다.

위험에 미리 대비하는 일본 사회의 모습을 눈여겨보자

지진에 대비하는 일본사회의 실질적인 모습들을 보면서
심리적 안정감도 얻을 수 있는 부분들도 충분히 있다. 일본
유치원 근처 공원에 가면 노란 방재 모자를 쓰고 지진 대
피 훈련을 하는 아이들 모습을 간혹 볼 수 있다. 전철역 하
부 구조나 건물 기둥에 두꺼운 철근으로 보강해 놓은 모습
도 흔하다. 또 지진 발생 시 어떻게 행동해야 하는지에 대
한 광범위한 인식을 공유하고 있는 모습을 엿볼 수 있었다.

사실 내가 지진보다 더 무서웠던 것은 코로나 감염이었
다. 혹시나 코로나에 감염됐을 때 고열이나 목통증이 심하
면 어떻게 해야 하는지에 대한 불안감이 컸다. 그래서 상비
약도 많이 준비했다. 하지만 코로나에는 감염되지 않았다.
정말 다행이었다.

게다가 나와 아이들은 새로운 도전을 하러 도쿄에 왔다

는 생각을 지속적으로 되뇌었다. 목표를 달성하고자 하는 의지를 수시로 되새겼다. 불확실한 지진 걱정 탓에 도쿄에 오지 못할 이유가 없다. 불안감과 불확실성에 대비하는 방법을 선택하며 적극적으로 생활하기로 했다.

33. 공공장소와 침묵

일본 사람들은 익히 알려져 있듯이 공공장소에서 상당히 조용하다. 지하철 등 공공장소에서 떠드는 소리가 들리면 아이들이나 한창 성장하고 있는 청소년기 학생들의 하교 모습인 경우가 많다. 술을 마시고 떠들거나 과하게 장난치는 모습은 좀처럼 볼 수 없다.

대표적인 공공장소인 지하철뿐이 아니다. 버스, 엘리베이터, 택시, 박물관, 상점 등등 다수의 사람이 이용하는 곳에서 크게 떠들지 않는 것은 지켜야 하는 규칙으로 자리 잡고 있었다.

　가끔 뉴스에서 지하철 폭행 사건이나 지하철 난동 사건을 볼 수는 있다. 하지만 극히 이례적인 일이다. 일본인들은 지하철 안에서 가능한 타인과 시선을 마주치지 않으려고 노력한다. 대부분이 휴대폰을 보거나 책을 보거나 시선을 바닥에 고정한 채 자신의 목적지로 향한다.

　이러한 점은 한국도 마찬가지이지만 다른 점은 대화하는 사람들이나 전화를 하는 사람들도 적다는 느낌이었다. 지하철 안내 방송만이 끊임없이 들려온다. 그리고 이른바 '쩍벌남'을 본 적도 아주 드물다. 늦은 밤, 술에 취해 인사불성인 사람을 제외하고 말이다. 버스 안에서는 특정 승객이 전화통화를 하고 있으면 운전기사가 통화를 자제하라고 안내 방송을 하기도 한다. 그만큼 공공장소에서의 타인에 대한 배려의 기준이 높은 사회라고 느껴졌다.

공공장소에서 조용히 하려는
일본인의 특징을 이해하자

　일본은 어린아이들도 공공장소에서 굉장히 조용하다. 아

마도 부모와 학교의 교육 때문일 것이다. 일본 부모들은 아이들에게 '조용히 하자'라는 말을 자주 말한다고 들었다. 공공장소에서는 다른 사람들에게 폐를 끼쳐서는 안 된다는 말이다. '폐'를 끼치면 안 된다는 말은 일본에서 자주 사용된다. 다른 사람에게 피해를 주어서는 안 된다. 의도했건 의도하지 않은 실수이건 간에 다른 사람에게 피해를 주는 것을 피해야 한다는 오랜 가르침 때문이다. 이른바 '메이와쿠(迷惑, 폐를 끼침) 문화'로 자리 잡고 있다. 물론 어느 사회나 예측 불가능한 돌발적 성향의 사람들은 존재하기 마련이다.

조용한 일본인에 대한 나의 편견이 클 수도 있다. 내가 격어보지 못한 더 많은 이들이 있기에 공공장소에서도 소란스러운 사람들도 분명 있을 것이다. 실제로 한 식당에서는 중년의 여성 2명이 오랜만에 만났는지 오랜 시간 좀 큰 소리로 웃으며 이야기를 이어갔다. 첫째 아이가 너무 시끄럽게 한다고 나에게 이야기할 정도였다. 아마도 주변이 너무 조용하기에 더 크게 들렸던 것 아닐까 한다.

하지만 일반적인 경우 공공장소에서는 조용히 지내려는 생활 습관을 깊게 가지고 있다는 점은 분명한 것 같다. 그러한 문화가 외국인의 입장에서 답답하게 다가올 수도 있을 것이고, 아니면 차분하고 조용해서 좋다고 느낄 수 도 있을 것이다.

개성을 중요시하는 사회 풍조의 확산

하지만 이런 암묵적 규율이 아이들의 모습 속에서 조금씩 변하고 있다는 것을 느낄 수 있다. 아이들과 함께 있는 가족들의 모습을 보면 조금 예외로 받아들여지고 있다는 생각이 든다. 그리고 점점 더 아이들과 가족들이 도서관이나 버스 정류장, 공원 등 공공장소에서도 활발하게 이야기하고 뛰어놀기도 한다. 이전에는 부모가 아이들이 소란을 피우는 것을 최대한 자제시키고 혼을 냈다고 들었다.

하지만 지금은 상황이 좀 바뀌는 분위기이다. 아이들의 부모들도 그렇게 아이들을 크게 제지하는 것 같지 않다. 내 생각에 조금 시끄러울 수 있지만 아이들이 좀 더 자유롭고 활기차게 지내는 것이 좋다고 생각한다. 그것이 자연스럽다.

34. 한글과 일본어

언어를 이야기하면서 한국어와 일본어를 비교하지 않을 수 없다. 일본어를 배우면서 한국어, 한글과의 차이를 직접 체감하기 때문이다. 나는 한글은 소통의 언어이라고 생각한다.

아이들과 도쿄 와세다대학교 안에 있는 연극박물관에 갔다. 일본의 전통문화의 하나인 '노(能)'에 대해 소개하는 박물관이다. '노(能)'는 가면을 쓰고 하는 일본 전통 연극의 일종인 가면극이다. 연극박물관 안에 있는 TV에는 1940년대 노 공연을 하는 영상이 틀어져 있었다. 그 모습이 내게는 너무도 낯설었다. 현재 내가 알고 있는 일본어와 너무도 달랐기 때문이다. 일본어 학습자인 내 입장에서 전혀 알 수 없는 말이었다. 언어가 아닌 알 수 없는 주문처럼 들렸다.

소통의 언어 '한글'은 어학 학습의 든든한 지지대

아이들도 이상하다는 듯 나에게 이 말을 알아들을 수 있냐고 물었다. 내가 일본어를 잘하는 것은 아니지만 마치 '외계어'처럼 한마디도 알아들을 수 없었다. 80년 전 영상이 긴 하지만 어째서 말이 통하지 않는 것일까? 단절됐다는 느낌이 강하게 들었다. 한 나라의 언어인데도 지금의 언어와 서로 소통되지 않는다는 것은 변화의 측면보다는 단절에 가까운 것이라는 생각이 컸다.

나는 한글에 대해 해박한 지식을 가지고 있지 않은 보통 사람이다. 나는 언어학자가 아니다. 이런 입장을 전제해서 생각해보면 한글이 오랜 시간이 지나면서도 단절되지 않는 가장 큰 이유는 아무래도 한글이 쉬우면서도 실용적인 형태를 가지고 있기 때문이라고 생각됐다. 아주 예전 영상을 봤을 때나 예전 사진이나 편지에 쓰는 한글을 보면 의미와 소리, 뜻을 알 수 있기 때문이다.

반면 일본은 한자를 차용해 쓰고 있다. 한자에 일본의 읽는 방식을 덧붙여 사용하고 있는 형태이다. 그렇기에 단어의 뜻은 알지만 정작 한자를 잘 쓰지 못하는 일본인들을 종종 볼 수 있다. 한국에 비해 일본이 문맹률이 높은 이유이기도 할 것이다.

앞서 언급한 '노(能、のう)'는 일본의 아주 오래된 일본의 전통 가면극이다. 특히 고전어를 사용하는 연극이다. 한자투성이에, 언어의 구조 역시 고전 문법에 기초해 그 대사를 이해하기 어려운 것이다. 우리나라 판소리의 말과 비교할 수 있을 것 같다. 판소리를 듣다보면 쉽게 의미를 파악하기 어려운 대목들이 나온다. 한자 단어이거나 어려운 고사 성어, 이제는 쓰이지 아는 사어(死語), 처음 들어보는 예전에 사용되던 물건의 명칭, 사투리의 억양 등 때문일 것이다.

하지만 판소리와 일본의 옛 고전어가 사용되는 '노(能)'의 경우 차이가 분명하다. 우리 판소리는 단어 1,2개를 모르더라도 문장 앞과 뒤의 연결되는 문맥의 이해가 가능하기에 듣다보면 전체 흐름의 내용을 알기가 어렵지 않다. 하지만 일본 '노(能)'의 대사의 경우는 다르다. 일반인들은 사실상 거의 내용을 알 수 없다고 말한다. 고전 문법 전문가나 일부의 전문적인 '노(能)' 공연 애호가 아니면 대사를 이해하기가 매우 어렵다고 한다. 그래서 일부 일본 전통 공연의 경우 대사를 현대어로 알려주는 자막을 별도로 표기하는 경우도 많이 있다고 한다.

그만큼 한글이 정말로 실용적인 문자이고 언어라는 느낌을 새삼 깨닫게 됐다. 아이들도 우리말의 우수성이 교과서에서 배운 것이 아니라 실제 체감할 수 있었을 것이다. 우수하고 효율적인 언어인 한글을 잘 알고 그 다음에 외국어를 배우는 것이 가장 효과적인 방법이라고 느끼게 됐다.

● 5부 ●

'체험과 학습' 목표 분석하기
「도쿄에서 방학을 보낸
성과를 분석하고,
계속 이어나갈 동력을 만들자」

35. 아이들과 대화하기

　도쿄에서 아이들과 겨울방학을 보내면서 여러 여행지를 다녔다. 도쿄(東京)를 포함해 오사카(大阪)와 교토(京都), 니가타(新潟), 지바(千葉), 가마쿠라(鎌倉) 등등이 대표적이다. 여행 기간 즐겁게 체험활동을 하고, 관광을 하고, 특색 있는 지역 향토 음식을 먹으면서 즐겼다. 물론 하루하루 정해진 학습을 이어가는 원칙을 최대한 지키면서 말이다.

　정해진 학습을 해야 하기 때문에 주로 저녁식사 이후 시간은 집이나 여행지 숙소에서 보냈다. 들뜬 마음을 최대한 진정한 뒤 정해진 학습을 했다. 나중에는 습관이 돼서 아이들은 여행을 가기 전에 자신이 가지고 가야할 책을 먼저 챙겼다. 그리고 학습을 마친 아이들과 대화하는 시간을 많이 가졌다.

가족과의 대화. 주로 그날 했던 일과에 대해서 서로 느낌을 말했다. 재미있던 체험이 무엇이었는지? 생각했던 것보다 재미없었던 이유는 무엇인지? 다음에는 어떤 것을 하고 싶은 지를 묻는 대화이다. 시작은 내가 아이들에게 넌지시 물어보는 방식이다. 아이들은 단편적 감상을 말하는 것부터 심도 있게 자신이 느낀 점을 평소 생각과 결부해서 이야기하는 모습을 보이기도 했다. 이런 대화를 통해서 나 스스로 내가 느끼지 못했던 아이들의 내면을 느낄 수 있는 기회가 됐다고 여겨졌다.

*아이들과의 즐거운 대화로
조금씩 싹트는 미래의 꿈!*

아이의 느낌은 단순하다는 편견이 사라졌다. 아이들은 자신들이 원하는 것이 무엇인지를 잘 알았다. 특히 첫째 아이가 그랬다. 둘째 아이는 그런 언니의 모습을 보면서 자극을 받아 꽤나 조리 있게 말하려고 하는 노력을 보이기도 했다.

첫째 아이는 이런 대화 시간에 '진실게임'을 하자고 제안하기도 했다. 사춘기를 앞두고 있어서 그런지 처음에는 어색했지만 아이들과의 '진실게임'도 재미있었다. 내가 예상하지 못했던 질문이 나오며 아이가 성장하고 있음을 느끼는 시간이 됐다. 또 아이들의 천진난만함에 박장대소를 하며 웃는 시간이기도 했다. 그렇게 가족이 완성돼가는 것인가 하는 느낌을 받기도 했다. 이런 대화는 또 아이들과의 유대감을 높여주었다. 아이들과의 대화 소재를 늘려줬고, 자연스럽고 진심어린 대화를 가능하게 만들어줬다.

일본 패스트푸드점에서 말을 하지 않고 밥을 먹는 가족을 몇 번 본 적이 있다. 특히 아빠와 아이들 사이의 대화가 좀처럼 없어 보이는 경우를 목격했다. 하지만 아빠가 아이들을 보살피는 모습에는 애정이 가득 묻어났다. 어린 자식에 대한 사랑과 배려는 있지만 대화가 없는 이유는 대화의 소재를 찾지 못했기 때문이라고 얼핏 떠올랐다. 나 역시 이전에는 가족 사이의 대화를 유연하게 하지 못했기 때문에 느꼈던 동질감이라고 생각됐다.

하지만 이제는 도쿄에서의 방학생활을 통해서 일상의 다양한 분야에서 아이들과 서로 함께 하면서 대화의 소재가 늘어난 것 같다. 여행도 여행이지만 음식을 준비하고, 건강을 챙기고, 학습을 도와주면서 서로 간의 이해를 바탕으로 다양한 대화를 해야 한다고 느껴졌다. 내가 청년이었을 때 좋아한 가수의 노래를 유튜브로 같이 듣기도 하며, 첫째 아이가 좋아하는 가수의 노래를 함께 듣기도 하며 공통 관심사의 범위도 넓혀나갈 수 있었다.

하루가 다르게 성장하고, 자신감을 얻어가는 아이들

실제, 첫째 아이는 경쟁심이 아주 강한 아이라는 것을 새삼 도쿄에서 생활하면서 대화를 통해 느낄 수 있었다. 강한 경쟁심이 오히려 아이를 외부 세상에서 위축되게 만들고 있다는 느낌이 들었다. 다른 친구와 비교하면서 성과를 내야 한다는 강박관념이 강한 것 같았다. 그런 단점을 서로 알고 느끼고 이해해가면서 위축되는 정도가 줄어들도록 하는 것이 필요했다.

이러한 공감을 통해서 아이가 경쟁보다는 스스로가 즐거운 방법으로 꾸준히 노력해 나가는 것의 의미를 배울 수 있는 계기가 됐다. 이제 첫째 아이는 스스로의 재능과 성격을 인정하며 예전보다 더 나은 자신감을 가지기 시작했다고 느껴지고 있다. 경쟁보다는 나만의 생각과 감정을 통해서 성장해 나갈 수 있다는 것을 앞으로도 계속 느끼게 해주고 싶다.

36. 아이들의 지적 호기심

　　조금 단순하게 생각해보면 도쿄에서의 방학생활은 괜찮
았다. 나와 아이들의 공통된 평가이기도 하다. 아이들에게
좋은 기억을 남겨줬다는 희망을 확인할 수 있기 때문이다.
아이들이 상당히 활발해졌다. 그리고 과도하게 많았던 낯가
림과 부끄러움이 줄었다. 아빠를 닮은 소심한 마음에서 자
신감과 도전감이 한층 높아졌다. 눈에 띄는 변화였다.

　　이런 변화의 원인이 100% 도쿄 여행이라고 확신할 순
없을지 모른다. 그래도 도쿄 여행으로 통해서 새로운 문화

를 배우고, 체험하는 과정에서 제로(Zero) 베이스에서도 도전하면 결국 잘 해낼 수 있다는 것과 낯설고 창피하지만 한번 시도해보면 별 것 아니라는 것을 체감할 수 있었다는 점은 분명하다.

아이들의 호기심은 성장의 '청신호' 적극적으로 키워주자

11살 첫째 아이는 5학년이 되면서 학급 대의원에 도전해 당선됐다. 첫째는 대의원 발표 연설문 문구를 고민하며 인터넷 검색도 하고, 유명 연설문을 읽어보기도 했다. 둘째 아이도 용기가 크게 늘었다. 학습지 선생님에게 부끄러워서 먼저 다가가지 못하던 아이가 이제는 집에서 색종이로 선생님에게 드릴 선물을 만들어 감사하다는 편지를 써서 건네주었다. 이 역시 대단한 성장이다. 또 외국인 선생님이 수업하는 어학원 수업을 즐겁게 다니기 시작했다. 둘째 아이는 자신의 생각을 표현하는 방법을 새롭게 익힌 것 같았다.

이처럼 아이들의 긍정적 성장을 얻을 수 있었던 것은 호기심 때문이라고 생각한다. 아이들이 도쿄 생활과 여행을 좋아했다. 도쿄의 모습과 체험과 여행에 만족했다. 그리고 궁금해 했다. 체험으로, 여행으로, 쇼핑으로, 밥 먹으러 가는 곳마다 아이들은 호기심을 가졌다.

아이들이 가진 호기심은 아주 간단한 것부터 때론 심도 있는 질문까지 다양했다. 예를 들면 일본 택시에 관한 질문 이었다. 어느 날 롯본기로 가는 길에 택시를 탔다. 일본 택시의 뒷문은 너무도 잘 알려져 있다시피 자동문이다. 왜 일본 택시는 자동문인지를 물어보는 것이다.

"아빠, 일본 택시는 왜 자동문이에요?"

일본 택시는 자동으로 열리고 승객이 택시에 타면 자동으로 닫힌다. 택시 운전수가 승객이 안전히 탔다고 생각되면 뒷문이 닫히도록 하는 것이다. 다른 나라들과 비교해 거의 드물게 일본에서 택시 문이 자동문인 것은 아마도 일본인들의 손님을 각별히 대접해야 한다는 서비스 의식 때문일 것이라고 생각된다. 돈을 내고 타는 택시이기에 손님이 직접 문을 열거나 닫는 것보다는 택시 운전기사 분이 해주는 것이 더 좋은 서비스라고 생각하기에 만들어진 서비스 시스템의 하나가 자동문이다.

"도쿄에는 왜 교회가 없어요?"
"도쿄 거리는 왜 이렇게 깨끗해요?"

"도쿄에는 지진이 많은데, 왜 한국에는 없어요?"

"일본 책은 왜 글자가 세로로 써 있어요?"

"일본 사람들은 왜 이렇게 말이 빨라요?"

도쿄 방학생활 동안 이런 수많은 질문들이 쏟아졌다. 아이들이 많은 호기심을 가지고 있다는 것은 관심이 있다는 뜻이고 즐겁게 지내고 있다는 의미이기도 했기에 나 역시 기뻤다. 하지만 이런 다양한 질문에 제대로 답을 해줘야 하는 책임감도 생겼다.

가능한 한 아이들의 수준에 맞게 쉽게 설명하기 위한 깊이 있는 지식이 필요한 부분이었다. 그래서 내가 아는 정보의 범위 안에서 즉흥적으로 대답하는 경우도 있지만, 집에 돌아가서 인터넷 검색이나 일본 문화 사전을 찾아가며 함께 공부하는 방법을 택하기도 했다. 좀 더 정확하고 아이들이 이해하기 쉽기 때문이다.

문화에 대한 관심과 함께 높았던 분야는 언어이다. 그림처럼 생긴 일본의 문자인 히라가나(ひらがな)와 가타카나(カタカナ), 한자(漢字)에 대한 호기심이었다. 아이들은 참으로 기억력이 좋다. 역사에서 전철을 기다리다가 들려오는 방송 안내문구도 쉽게 기억한다. "욘방센, 욘방센까라 키샤가 마이리마스.(4번 선, 4번 선으로 기차가 들어옵니다.)"라는 말

을 음악처럼 외운다. 그리고 물어본다. 무슨 뜻인지를 궁금해 한다.

이런 점 등을 볼 때 아이들이 해외에 있으면 외국어를 좀 더 쉽게 배우게 되는 것 같다. 그래서 다양한 경험이 무엇보다 중요하다는 사실을 새삼 깨닫게 된다.

자연스럽게 성장하는
외국어 학습 '의욕'

아이들은 히라가나와 가타카나를 외우면서 궁금한 것은 폭발적으로 늘어났다. 길거리에 붙은 광고판과 이정표, 상품의 이름에 대한 질문이 끝이지 않았다. 그 과정에서 일본 실생활에서 사용되는 단어를 금세 습득했다.

예를 들어 링고(사과, りんご), 노미모노(음료수, 飲み物), 고항(밥, ご飯), 오카네(돈, お金), 타쿠시(택시, タクシー), 바스(버스, バス) 등등 아주 많다. 이런 과정 속에서 일본어라는 낯선 외국어에 친숙해진다.

즐거우면 관심을 가지게 된다. 그러면 자연스럽게 배워

간다. 자전거를 한번 배우고 나면 몇 년을 타지 않아도 다시 쉽게 탈수 있는 것처럼 이렇게 일상생활에서 자기 스스로 느낀 호기심을 갖고 탐색하며 알게 된 지식과 경험, 추억은 시간이 지난다고 해서 쉽게 사라지지 않고 내 안에 축적된 지식으로 자리 잡을 것이 분명하다.

나 역시 일본어를 처음 배웠을 때 일본 드라마를 통해서 처음 들었던 단어들이 아직도 떠오른다. 그 드라마 장면과 겹치면서 단어의 의미와 형태가 막힘없이 기억난다. 그 기간 일본어 단어장을 가지고 암기했던 다소 어려운 단어들은 기억 속에서 사라진지 오래인 것과 비교하면 큰 차이가 난다.

37. 성과 체크 리스트(check list)

    책 앞머리에 소개했던 아이들의 도쿄 방학생활 목표 리스트를 체크해보았다. 목표를 점검해야 했다.

    과연 실제로 얼마나 목표에 근접했는지 궁금했다. 이 체크 리스트는 아이들에게 보여주지는 않았다. 그저 나 스스로 냉정하고, 객관적인 마음으로, 심사위원의 마음으로 체크해본 결과이다. 나름 정한 체크 기준은 얼마나 아이들이 열성적으로 참여했고, 그리고 방학생활이 끝난 지금 얼마나 좋은 영향을 주는지를 평가해보았다.

<첫째 아이의 목표 달성 분석>

▶ 일본에 친숙해지기 : CLEAR Amazing

일본과 문화에 충분히 친숙해졌다. 외출할 때 먼저 앞서 나가고 낯선 일본 신사나 절, 음식 문화, 일본인들의 문화적 행동 등에 익숙해져 공감하고 있다.

▶ 여행 다니며 자신감 높이기 : CLEAR Amazing

여행을 다니면 아이들은 정말 행복해 했다. 걷기도 잘 했고, 낯선 음식도 잘 먹고, 골목골목을 스스럼없이 잘 다녔다. 모르는 것이 있으면 나에게 묻거나 구글 검색도 하며 진취적으로 행동했다.

▶일본 문화 접하기 : CLEAR Amazing

도쿄 등지에서 다양한 체험을 하면서 다양한 일본 문화와 마주했다. 일본은 전통 문화를 중시하기에 생활 주변 곳곳에 일본 특색의 문화가 남아있다. 일본인들은 자연스럽게 생각할지라도 낯선 외국인에게는 독특해 보이는 일본 문화와 많이 접하며 사회의 특수성을 이해했다.

▶외국인 친구사귀기 : CLEAR Basic

많은 외국인 친구를 사귀지는 못했다. 하지만 독일인 연구원이나 재일 한국인, 일본 초등학생 등 다양한 만남을 통해서 앞으로 언어와 문화를 넘어서 외국인 친구를 사귈 수 있는 경험과 노하우, 자신감이 생겼다고 느끼고 있다.

▶체험 행사 적극 참여하기 : CLEAR Amazing

가능한 많은 체험 행사에 참여하고, 여행이라도 체험을 할 수 장소를 찾아다녔다. 다행히 아이들이 잘 따라줬고 흥미롭게 바라봐 주었다. 그 과정에서 일본어를 말하고, 영어를 말하고, 추억과 자신감도 얻을 수 있었다고 생각한다.

▶영어 동화책 30권 읽기 : CLEAR Amazing

도서관에서 영화 동화책을 많이 읽었다. 또 태블릿PC로도 읽었다. 영상으로 된 영어 동화책도 아이들과 함께 읽었다. 다만 아쉬운 것은 영어 동화책을 읽고서 간단한 감상문을 쓰거나 독서 목록을 써두지 않은 것이 아쉽다. 그래도 첫째 아이는 영어 동화책을 읽으면서 알지 못했던 단어를 정리하는 습관이 생겼다.

▶영어 단어장 만들기 : CLEAR Amazing

첫째 아이는 영어 단어장을 만들었다. 그리고 지금도 유지하고 있다. 앞으로도 함께 노력해야 할 것이다. 영어 단어장이 첫째의 영어 실력의 든든한 버팀목이 될 것으로 기대하고 있다.

<둘째 아이의 목표 달성 분석>

▶일본 문화 익히기 : CLEAR Amazing

둘째 아이도 일본 문화에 익숙해졌다. 오히려 일본 방학 생활을 선입견 없이 가장 재밌게 즐긴 것이 둘째 아이라고 여겨질 정도이다.

▶한글쓰기 공부하기 : CLEAR Amazing

도쿄에서 생활하면서 한글을 꽤 익혔다. 어려운 받침쓰기는 다소 어려워하지만 그래도 일반적인 한글쓰기가 가능해졌다. 읽는 것은 거의 완전한 수준이 됐다.

▶영어 동화책 30권 읽기 : CLEAR Amazing

영어 동화책은 60권 이상 읽었다. 그림책 수준의 영어책이지만 이번 도쿄 생활을 하면서 독서에 흥미를 가지게 됐다고 생각된다.

▶히라가나, 가타카나 배우기 : CLEAR Amazing

첫째는 물론 둘째도 히라가나와 가타카나를 익혔다. 다만 한국에 돌아가서 다시 히라가나와 가타카나를 잊어버릴까 걱정은 있다. 그래서 한국에서도 간접적인 일본어 경험을 이어가야 한다는 제2의 목표가 생겼다.

▶줄넘기 터득하기 : CLEAR

둘째 아이는 줄넘기를 하지 못했다. 그래서 도쿄에 와서 집 근처에 있는 어린이 공원에서 놀 때에 줄넘기 연습을 했다. 몇 번의 시도 속에서 초등학교 고학년처럼 능숙하게는 안 되지만 이제 2,3번은 힘껏 뛰어넘을 수 있게 됐다. 줄넘기를 잘 할 수 있는 기본을 만들었다.

▶어려운 한글 맞춤법 익히기 : CLEAR Basic

어려운 받침쓰기는 여전히 헷갈려한다. 그래도 한글 맞춤법에 상당히 능통해졌다. 차근차근 배워나갈 수 있는 희망과 가능성, 자신감을 얻었다는 것에 만족하고 있다.

38. 도쿄 방학생활 마무리

    이런 경험을 하고 나니까 만족과 함께 두려움도 엄습해 왔다. 현재 아이들이 가지고 있는 호기심과 연관해 습득한 지식과 경험들을 어떻게 하면 멈춤 없이 이어줄 수 있을까 하는 고민이다. 도쿄에서의 생활을 마무리하고 다시 한국으로 돌아가서 학교에 다니면서 다시 익숙한 환경에서 지나다 보면 도쿄에서 얻은 호기심이 사라질 수 있기 때문이다. 값지게 얻은 호기심을 더욱 끌어낼 수 있는 방법이 필요했다.

    그래서 찾은 방법이 책 읽기이다. 일본 문화에 대한 책 읽기, 외국어 동화책 읽기이다. 어려운 일이다. 하지만 충분한 효과가 있다. 천천히 가는 방법을 택했다. 할 수 있다는 마음으로, 여유로운 마음으로 책 읽기를 지속하기로 했다. 아이들이 흔쾌히 동의해줬다. 오히려 더 관심을 가지고 있다.

도쿄에서의 소중한 경험 이어가기
지속적인 관심으로 성과를 내자

단기가 아닌 장기적 효과가 클 것으로 생각한다. 여기서 가장 중요한 것은 그 외국어 동화책이나 문화 관련 책, 만화책은 아이만 읽으면 안 된다는 점이다. 그러면 아이의 머릿속에서 잠시 머물다가 사라져버릴 수 있기 때문이다. 그 책을 부모도 함께 읽고 함께 이야기해야 한다. 그렇게 해서 어떤 내용인지, 그 내용에 대해서 서로 이야기하는 방법을 시작했다. 물론 직장 일을 병행하는 부모 입장에서는 노력이 필요한 부분이다. 즐거움으로 느끼며 이어가야 한다.

그 과정에서 호기심이 호기심을 자극하고, 언어와 문화에 대한 이해가 확장될 수 있기 때문이라고 생각하기 때문이다.

나는 교육 전문가가 아니다. 그저 아이들이 성장하면서 어떻게 해야 하는지에 대한 정보를 찾아가며 살아가는 평범한 두 아이의 아빠이다. 그런 의미에서 아이의 성장을 돕기 위해서는 어른들, 부모도 배우고 성장해야 하는 것이라는 사실을 새삼 느끼게 된다.

아이들을 키우고, 자신의 성장을 위해서는 편한 길보다는 조금 멀고, 험난하지만 도전하는 길을 선택해 가족과 함께 손을 잡고 걸어가는 방법이 어쩌면 더 행복하고 즐거울 수 있다는 것을 조금씩 실감하고 있다.

39. 다시 한국으로

도쿄에서 방학생활을 마치고 다시 한국으로 돌아갔다. 40일 도쿄 생활이 막을 내렸다. 아이들은 비행기에서 내리자 바로 한국에 적응했다.

긴 여행을 끝냈다는 기분보다는 이제 새롭게 출발해야 한다는 느낌이 컸다. 다양한 경험과 감상을 양분 삼아 이제 새로운 도전을 이어가야 한다. 아이들도 그런 느낌을 가지고 있는지 물어보았다. 아이들은 무엇보다 즐거웠던 기억이 많다고 이야기해 주었다. 그 과정 속에서 외국에서 사는 것도 별것 아닌 것 같다고 느낌을 설명했다. 표현은 달랐지만 아마도 그 말 속에 자신감과 대범함이 포함됐다고 여겨졌다. 이후 한국에서 다시 학교에 다니면서 느낀 점은 아이들이 스스로 해야 할 일과 어떤 일이 중요하고 시급한 일인지를 항상 염두에 두고 있다는 점이었다. 스스로 시간 조절을 하고, 스스로 독서를 하고, 스스로 자신의 꿈에 대해서, 자신의 의견에 대해서 스스럼 없이 이야기하는 모습이 대견했다.

중단 없이, 함께 도전하자!

도쿄 방학생활을 통해 아이들의 변화를 자세히 분석하기 위해서는 좀 더 시간이 필요해 보인다. 앞으로 6개월 정도의 시간 동안 아이들의 모습과 태도 그리고 관심사 등을 잘 관찰하려고 한다. 그 관찰은 애정과 관심의 눈으로 바라볼 것이다. 해외에서 방학생활을 보내면서 얻은 자신감과 만족감이 일상생활에서 윤활유처럼 좋은 변화의 물꼬가 되기를 바라면서 함께 성장해 나가려고 한다.

40. 미래 계획 더하기

40일 동안을 도쿄 방학생활은 의미 있는 여행이자 체험 학습이었다. 다양한 경험을 할 수 있었고, 즐거운 여행의 추억도 쌓았고, 평상시라면 가질 수 없는 소중한 감상을 얻을 수 있었다. 이 3가지 수확만으로도 충분히 가치 있는 시간이라고 여겨진다.

주변 지인들 반응은 칭찬이 많았다. 일부는 실제로 이뤄내지 못할 것이라고 생각했다고 솔직히 이야기하기도 했다. 또 일부는 영어권으로 갔다면 아이들 영어 실력 향상에 더 큰 도움이 됐었을 것이라는 조금 아쉬운 점을 지적하기도 했다.

하지만 난 그렇게 생각하지 않았다. 도쿄에서 방학생활을 하면서 아이들은 더 밝아졌고, 자신감도 가지게 됐다. 너무 소극적이어서 걱정이던 아이들도 적극적인 면을 드러내기 시작했다. 정말로 바라던 바였다. 외국어 공부 등 학습은 이제부터가 시작이다. 공부를 즐겁게 할 동력을 얻었다.

밝아진 아이들의 표정에서
희망찬 미래를 보자!

게다가 나뿐 아니라 아이들도 시간의 소중함을 체감했다. 시간은 멈추지 않고 흘러가기에 소중히 사용해야 한다는 깨달음이다. 그런 공감 속에 제한된 학습 시간에 집중하는 법을 배웠다고 여겨진다. 첫째 아이는 한국에 돌아와 영어 어학원 입학 레벨시험을 치러 좋은 성적을 거뒀다. 생각했던 것보다 조금 더 높은 반에 편성됐다. 대단하지는 않지만 도쿄 방학생활의 수확을 나타내는 증거인 것 같아서 아빠로서 기뻤다.

둘째 아이는 미술학원에 다니기 시작했다. 미술 학원에서 그리는 그림의 스펙트럼이 조금 또래보다 넓은 것 같다는 평을 받았다. 일본에서 본 풍경을 곧잘 그리기도 한다. 이것 역시 7살 둘째 아이의 시야가 넓어진 덕분이라고 짐작해본다.

또한 나에게도 큰 변화가 왔다. 가족의 아빠이기도 했지만 나 개인의 목표에 집중하며 살아왔던 시간의 의미보다 이제는 가족의 한 구성원으로써, 가장으로써, 아빠로써 가능한 목표를 세우고 보충해 나가는 즐거움을 알게 됐다. 가족의 소중함을 절실히 체득한 시간이었다. 낯선 상황에서 가족이 함께 상의해 결정하고, 자기 생각을 이야기해주며 서로를 도우려했던 따뜻한 울타리의 존재를 확실히 알게 됐다. 그리고 그 울타리의 버팀목이 되는 것은 가족의 믿음과 사랑이라는 것을 알게 된 시간이었다.

이제 미래 계획을 다시 세워보려고 한다. 언제 다시 외국에서 방학생활을 할 수 있을지 확신이 들지는 않지만 또 다른 기회가 생기고, 그렇게 해야 할 이유가 생긴다면 현실의 여건에 안주하지 않고 과감히 그리고 미래지향적인 목표를 가지고 새로운 도전의 길을 갈 것이다.

아이들도 아마도 자신의 삶을 살아가면서 그렇게 도전하는 선택을 우선시할 것이라고 생각한다.

에필로그(epilogue)

이 책을 쓰면 쓸수록 즐거움이 커졌다. 도쿄에서의 방학 생활을 준비하는 시간과 40일 동안의 도쿄 생활 그리고 다시 한국에 도착한 시간까지를 되돌아보면서 하나하나의 기억과 추억, 해프닝들이 떠올랐기 때문이다. 그리고 책을 마무리할 때 즈음에는 이번 특별한 도전을 통해서 우리 가족이 많이 배울 수 있었던 시간이었다는 결론에 도달할 수 있었다.

책 속에 담긴 40개 키워드로 풀어간 이야기는 도쿄 방학생활의 시작과 실제 생활, 그리고 마무리까지 이어지는 일련의 도전 과정을 모두 담고 있다.

이 책은 11살과 7살 두 아이들과 40대 아빠, 엄마의 도쿄 방학생활 분투기라고 압축적으로 표현할 수 있을 것이다. 도쿄에서 보낸 하루하루의 시간을 솔직히 그리고 독자에게 실용적인 정보를 제공하기 위해 풀어낸 해설서이다.

아이들과 도쿄 여행을 준비하거나 도쿄에서 1달가량 체류하고자 하는 사람들에게 분명 도움이 될 것이다. 그렇게 되기를 바라고 있다. 내가 했던 시행착오를 줄일 수 있을 것이고, 우리 가족보다 한 발짝 더 앞서간 멋진 시간을 보낼 수 있도록 하는 노하우와 심리적 안정, 도전 의식을 줄 수 있을 것이라고 생각한다.

그런 실용적 도움이 될 수 있도록 현실적인 이야기, 내가 겪은 이야기를, 아이들의 진솔한 이야기를 최대한 가감 없이 이야기했다. 다만 너무도 개인적이어서 공개하기 어려운 부분들도 있었다. 그러한 부분에 대해서는 자세히 설명하지 못한 점도 있다. 이 점은 독자들에게 머리 숙여 양해를 구하고자 한다.

책 본문에는 구체적으로 서술하지 않았지만 아이들과 방학기간 도쿄 생활을 준비하면서 나는 회사 내 다른 부서로 발령을 받았다. 나 스스로 3년 전에 신청했던 일이 너무도 늦게 결정된 것이다. 코로나19의 영향이었다. 그래서 아이들과의 방학생활을 준비하면서 어려운 점이 생겼다. 하지만 목표를 생각하면서 여러 해결책을 찾아내며 아이들과의 도쿄 생활을 준비하고 완수할 수 있었다.

나와 비슷하게 해외에서 자녀들과 함께 체험의 시간을 가지려는 가정들이 도전의 계획을 세우고, 실행하는 것을 응원한다. 그리고 그런 다양한 경험을 가진 아이들과 가정에 창의력과 추진력이 높아져 이전보다 더 행복해질 수 있다고 믿고 있다. 그러한 의미에서 이 책을 읽는 독자들에게 희망의 빛을 발견할 수 있는 정보를 알리기 위해 책을 구성했다.

이 책을 출판할 수 있도록 도와준 많은 지인과 도쿄에서 만난 분들에게 감사의 마음을 전한다. 특히 도쿄에서 겨울방학 생활을 적극 도와주고 힘이 돼 준 아내와 겨울방학을 긍정적으로 활기차게, 알차게 보내준 두 딸에게 너무도 감사하다.

2023. 4. 1.

"자신을 믿어라.
자신의 능력을 신뢰하라.
겸손하지만 합리적인 자신감 없이는
성공할 수도 행복할 수도 없다."

-노먼 빈센트 필(Norman Vincent Peale)-

이 책이 일본 도쿄뿐 아니라

여러 외국에서

아이들과 방학기간을 함께 지내며

미래의 희망을 키워주려는 부모에게

알찬 도움이 될 나침반이 되기를 희망한다.

스스로 감탄할 멋진 결과는

소소한 도전에서 시작하기에

작지만 알찬 체험을 이어가길 응원한다.